青少年阅读

《红岩》

引读

黄慧琴◎编著

时代文艺出版社

SHIDAI WENYI CHUBANSHE

图书在版编目（CIP）数据

《红岩》引读 / 黄慧琴编著 . -- 长春：时代文艺
出版社，2024. 9（2024. 11 重印）.
ISBN 978-7-5387-7557-0

Ⅰ . G634.333

中国国家版本馆 CIP 数据核字第 202431D24R 号

《红岩》引读
《HONGYAN》YIN DU

黄慧琴　编著

出 品 人：吴　刚
责任编辑：张洪双
装帧设计：阳光旭日

出版发行：时代文艺出版社
地　　址：长春市福祉大路 5788 号　　龙腾国际大厦 A 座 15 层（130118）
电　　话：0431-81629751（总编办）　　0431-81629758（发行部）
官方微博：weibo.com / tlapress
开　　本：690mm×960mm　1 / 16
印　　张：9.5
字　　数：136 千字
印　　刷：三河市德利印刷有限公司
版　　次：2024 年 9 月第 1 版
印　　次：2024 年 11 月第 3 次印刷
书　　号：ISBN 978-7-5387-7557-0
定　　价：35.80 元

思维导图

人物关系梳理

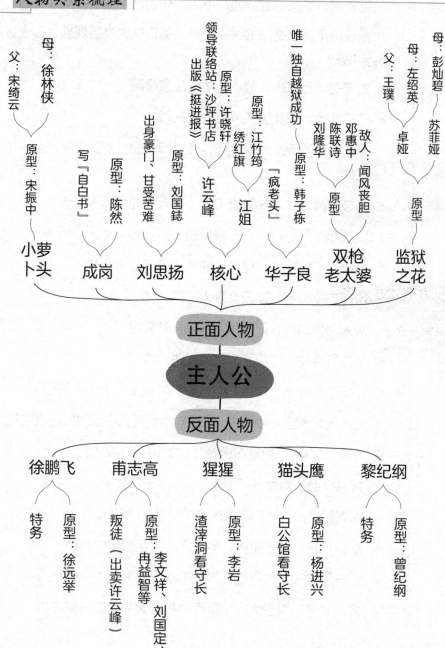

正面人物

- 小萝卜头
  - 母：徐林侠
  - 父：宋绮云
  - 原型：宋振中
- 成岗
  - 写「自白书」
  - 原型：陈然
- 刘思扬
  - 出身豪门、甘受苦难
  - 原型：刘国铗
- 核心
  - 领导联络站：沙坪书店
  - 出版《挺进报》
  - 原型：许晓轩
  - 许云峰
- 华子良
  - 绣红旗
  - 原型：江竹筠
  - 江姐
  - 「疯老头」
- 双枪老太婆
  - 唯一独自越狱成功
  - 原型：韩子栋
  - 陈联诗
  - 刘隆华
  - 原型
- 监狱之花
  - 母：彭灿碧
  - 母：左绍英
  - 父：王璞
  - 敌人：闻风丧胆
  - 邓惠中
  - 卓娅
  - 苏菲娅
  - 原型

主人公

反面人物

- 徐鹏飞
  - 特务
  - 原型：徐远举
- 甫志高
  - 叛徒（出卖许云峰）
  - 原型：李文祥、刘国定、冉益智等
- 猩猩
  - 渣滓洞看守长
  - 原型：李岩
- 猫头鹰
  - 白公馆看守长
  - 原型：杨进兴
- 黎纪纲
  - 特务
  - 原型：曾纪纲

1

主要故事情节

- 1948 年，反动派统治下的重庆处在黎明前最黑暗的时刻
- 许云峰命甫志高筹建沙坪书店，作为地下党的备用联络站
- 甫志高不顾联络站的保密性质，擅自扩大书店规模，销售进步书刊
- 甫志高送行江姐，他不听劝不注意隐蔽
- 江姐途中发现丈夫头颅被悬挂在城头
- 见到纵队司令双枪老太婆，江姐忍悲要求到丈夫生前战斗地工作
- 甫志高擅自吸收郑克昌工作，许云峰知情后很吃惊
- 发现郑克昌可疑，许云峰通知人员转移
- 甫志高不听劝告，结果被捕并成了可耻的叛徒
- 因甫志高告密，许云峰等人相继被捕
- 敌人为得口供，严刑拷问被捕共产党员
- 甫志高告密，江姐不幸被捕关进渣滓洞
- 江姐受尽折磨，特务把竹签钉进她指缝，她也不开口
- 全国革命形势一片大好，国民党当局受打击后放出和谈空气
- 为表"诚意"，反动派假意释放刘思扬等政治犯
- 郑克昌欲从刘思扬口中套取地下党情况失败
- 郑克昌诡计失败后伪装同情革命的记者高邦晋潜入渣滓洞
- 解放军日益逼近重庆，地下党准备组织狱中暴动
- 重庆解放在即，徐鹏飞等提前秘密杀害狱中主要党员
- 齐晓轩等为掩护大家出狱而牺牲，大多同志越狱成功

目　录

1

第一部分　整本书导读

　　"整本书阅读"不仅是重要的阅读理念，也是当下中考的高频考点之一，它能够准确地检阅学生的综合概括能力、信息提取能力，还能高效地检测学生的表达能力。

　　本部分以"整本书阅读"为纲，侧重于从《红岩》的创作背景、当代意义、阅读技巧、人物梳理等角度进行梳理探究，旨在给广大学生一把打开《红岩》的钥匙，为深度理解作品、学会多方位感知作品内涵、进行整体阅读扫除障碍，并梳理出一条清晰的脉络，同时，也为对该书的"整体感知"这一考点提供具体的应考策略。

一、《红岩》简况

体裁	小说
作者	罗广斌、杨益言
人物	许云峰、江姐、成岗、刘思扬、华子良、小萝卜头、双枪老太婆、甫志高、徐鹏飞等
成书时间	1961年12月首版
文学地位	2019年9月23日,《红岩》入选"新中国70年70部长篇小说典藏"

二、走近作者

　　罗广斌(1924—1967),重庆忠县人,1948年加入中国共产党,从事学运工作,并利用其家庭关系进行统战和策反工作,同年9月被捕,先后被关押在重庆中美合作所渣滓洞、白公馆集中营,在狱中仍然坚持斗争。1949年11月,在敌人大屠杀时从白公馆越狱脱险。1967年2月去世。

　　罗广斌的父亲是清末秀才,曾任忠县教育局局长、四川大学监学,母亲曾担任中学校长。抗日战争时期,罗广斌在成都建国中学读书,师从马识途。1944年,在马识途的帮助下,他进入昆明西南联大附中读书,开始接触革命思想。1945年7月,罗广斌加入了中共地下党的外围组织"民青社",并在学生运动中担任重要角色。1948年3月,他由中共重庆地下学运领导人江竹筠、刘国鋕介绍入党。1948年9月,罗广斌因叛徒出卖而被捕。在狱中,他积极参加了狱中战友的活动，并在 1949 年 11 月 27 日的"一一·二七"大屠杀中幸存下来，与其他 18 名难友一起越狱脱险。

杨益言（1925—2017），出生于重庆，原籍四川省广安市武胜县。杨益言的早年生活与罗广斌有着相似之处，都是在抗日战争时期投身于革命活动。1937 年，杨益言在武胜县初中学习，后来考入同济大学工学院电机系，到上海读书。1948 年初，因参加反美反蒋的学生运动，他被学校开除并遭到缉捕。被释放后，他回到四川，在重庆中国铅笔厂职工夜校执教。同年 8 月，杨益言被特务逮捕，囚禁在渣滓洞。1949 年 11 月重庆解放后，他参加了重庆"一一·二七殉难烈士追悼会"和"三三一惨案纪念会"的筹办工作。

三、作品背景

《红岩》这部长篇小说的创作背景是在中国解放战争时期，特别是在 1948 年至 1949 年间。这一时期是解放战争的高潮时期，反革命的最后堡垒重庆处于全面包围之中，国民党反动派进行着垂死挣扎。

小说的作者罗广斌和杨益言，都亲身经历了狱中的残酷斗争。这两位作家与同样有着入狱经历的刘德彬三人合作，写成了革命回忆录《在烈火中永生》。随后在回忆录的基础上，经过多人不断的加工、修改，最后才形成长篇小说《红岩》。小说的创作过程历时近 10 年，成书 40 万字，底稿近 300 万字，经历了多次彻底的"返工"

和无数次的修改。作者们在创作过程中，不仅参考了大量的历史资料，还结合了自己的亲身经历和深刻的思考。《红岩》的创作不仅是对那段历史的记录，也是对革命先烈精神的赞颂和传承。

四、解读书名

1. 小说故事发生的地点是在红岩，位于重庆市郊区，抗日战争时期是中国共产党中央南方局和八路军驻重庆办事处所在地。

2. "红色"象征着革命，岩石非常坚硬，"红岩"象征着革命者在狱中坚持斗争、不屈不挠的精神。

3. 在越狱时，齐晓轩为掩护战友，站在一块大岩石上，吸引敌人的注意力，成为射击目标，他的鲜血染红了脚下的岩石。"红岩"象征着中国共产党和革命战士们为解放全中国前仆后继、不怕牺牲的精神。

五、白公馆和渣滓洞

白公馆原为四川军阀白驹的郊外别墅。白驹自诩为白居易的后代，而将别墅起名"香山别墅"，俗称"白公馆"。1939年军统将其改为军统局本部直属看守所，称军统重庆看守所，主要关押国民党政府认为级别较高的"政治犯"。1943年中美合作所成立后，白公馆内关押的人被迁移至渣滓洞。白公馆改名为中美合作所第三招待所，供美方人员居住。第二次世界大战结束后，中美合作所撤销，美方人员回国，白公馆才又恢复为看守所。军统将西南的军统集中营、息烽监狱、望龙门看守所、渣滓洞看守所合并，成立了白公馆看守所，后称"国防部保密局看守所"。白公馆曾关押过黄显声、同济大学校长周均时、廖承志、中共党员宋绮云、徐林侠夫妇及幼子小萝卜头等，关押的"政治犯"最多时达 200 多人。

渣滓洞原为人工采煤的小煤窑，因煤少渣多而得名。它位于重庆市郊歌乐山下磁器口、五灵观一带，它三面环山，一面临沟，地形隐蔽。1938 年起，这里被国民党特务机关改造成秘密监狱，专门用来关押和迫害革命者。

渣滓洞看守所分内外两院，内院有一放风坝，一楼一底的男牢十六间，女牢两间。外院是特务办公室、刑讯室。重庆解放前夕，国民党特务纵火焚烧了渣滓洞，仅逃出 15 位被囚禁的革命者，其余皆不幸牺牲。

白公馆与渣滓洞位于重庆西部沙坪坝区郁郁葱葱的歌乐山下，在人们的心中这里长期代表着白色恐怖，被称作"两口活棺材"。小说《红岩》里可歌可泣、英勇悲壮的故事就发生渣滓洞和白公馆。

六、内容概说

1948 年，解放战争正以雷霆万钧之势席卷全国，而在国民党统治下的重庆，国民党反动派进行着垂死的挣扎。《红岩》主要回忆了被关押在渣滓洞和白公馆中的齐晓轩、许云峰、江雪琴等共产党人在狱中为迎接全国的解放，同国民党反动派展开的一系列胜利前的殊死搏斗。

同时，作者将笔触从渣滓洞、白公馆延伸，把震撼人心的狱中斗争、城市地下党的活动和学生运动以及农村的武装斗争这三条线索交织成一个整体，描绘了重庆解放前夕革命者同敌人进行斗争的最后一幕，表现了共产党人和革命者坚定的信念、不屈的斗志和视死如归的大无畏英雄气概。

七、经典的当代意义

（一）深刻的历史真实性与艺术再现

《红岩》以重庆解放前夕的中美合作所集中营为背景，通过作者的亲身经历，真实地再现了革命者在极端困境中的斗争生活。小说中，许云峰、江姐等人物在狱中面对敌人的酷刑和威胁，依然坚守信仰，展现了革命者不屈不挠的精神。例如，江姐在被敌人用竹签钉手指的酷刑下，仍然坚定地宣告："竹签是竹子做的，共产党员的意志是钢铁！"这种对历史的真实再现，不仅让读者感受到历史的沉重，也激发了人们对于信仰和理想的深刻思考。

（二）丰富的人物塑造与心理刻画

《红岩》中的人物形象丰满、性格鲜明，作者通过对人物内心世界的深入挖掘，展现了他们在特定历史条件下的精神风貌。许云峰在狱中领导难友斗争，他的智慧和勇气成为狱中斗争的核心力量。而甫志高的叛变，则从反面展示了在严峻考验面前，意志薄弱者可能走向堕落。通过这些人物的心理刻画和行为表现，深刻揭示了人性的光辉与阴暗，以及信仰对于人生选择的重大影响。

（三）紧张的情节构建与戏剧冲突

小说情节紧凑，冲突强烈，狱中难友与敌人的斗争、叛徒的出卖、英雄的牺牲等，构成了紧张的情节推进。例如，当甫志高因个人利益而背叛同志，导致多名地下党员被捕时，情节达到高潮，读者的情绪也随之紧张起来。而在狱中难友为保护一眼泉而进行绝食抗议，最终迫使敌人妥协的情节，又展现了革命者团结一心、共同抗争的力量。这些紧张的情节和冲突，不仅增强了小说的可读性，也加深了读者对革命斗争残酷性的认识。

（四）鲜明的艺术风格与语言特色

《红岩》的艺术风格鲜明，语言朴实而充满力量。小说通过细腻的描写和宏大的叙事，展现了革命者在黑暗中的光辉形象。在描述狱中环境时，作者用"人间地狱"来形容集中营，通过这种强烈的对比，突出了革命者在极端环境下的坚韧和不屈。小说的语言简洁而富有感染力，能够直击读者的心灵，激发起强烈的情感共鸣。

（五）深远的思想启示与教育意义

《红岩》通过对革命历史的再现，给读者以深刻的思想启示。它不仅是对历史的记录，更是对信仰、理想、人性等问题的深刻探讨。小说中的人物和事件，如许云峰的牺牲、江姐的坚贞等，都传递出对信仰的坚守和对理想的追求，激励着读者思考个人的价值和生命的意义。同时，小说也具有深远的教育意义，它通过生动的故事情节和人物形象描写，对青少年进行革命传统教育，启发青少年传承红色基因，弘扬革命精神。

八、阅读方法

1. 过电影法：读书可以把语言文字转化成鲜活的形象与画面。读本书时，可以在头脑里边读边放"电影"，这样可以读得特别深入，真正做到入眼、入脑、入心。

2. 复述法：我们可以在各自的小组或者在家里与爸爸妈妈绘声绘色地讲一讲所读的章节，这样可以练习口语表达，提高口语水平。

3. 浏览法：《红岩》篇幅较长，此时浏览法的使用就很有必要。在阅读时，首先，浏览《红岩》的封面、书名、作者、版本信息、目录等内容，从整体上对全书的架构有一个把握；其次，浏览书本内容，从主要人物、主要情节、主要环境等方面抓住每一章的主要内容，还可以利用简单的圈画、书中的插图识记主要人物事件；最后，在浏览完毕后，还可以对阅读内容进行回想、复述以加深印象。

4. 圈点批注法：要深入理解小说，可以使用圈点批注法。例如用圈点批注法把握《红岩》中的人物形象，可以让读者从人物描写以及人物相关事件入手进行批注。再如一些较难理解的问题，还可以进行二次批注。如革命者的个人情感在革命面前似乎显得过于渺小的问题，由于时代跨度较大，学生可能不容易理解。这就可让学生联系时代背景思考、组织交流后进行二次批注，加深他们对革命情感的理解与体会。

5. 思维导图法：《红岩》的人物关系错综复杂，思维导图法可以很好地帮助学生梳理关系。绘制思维导图时，要以主题词或图案为中心，联想出下一个关键词或图案，用曲线连接相关的关键词，然后不断扩展成一张完整的思维导图。如：可以以"许云峰"为主题词进行联想——他过去的交通员是成岗，他的同志有江雪琴等人；再以"成岗""江雪琴"为关键词进行联想——成岗的妹妹是成瑶、江雪琴的丈夫是彭松涛……依次不断联想，可以梳理出革命者的关系图谱；再以"徐鹏飞"为主题词进行联想，形成特务的关系图；最后以"甫志高"进行连接，梳理出《红岩》完整的人物关系图。也可以仿照人物关系的梳理，绘制《红岩》情节脉络的思维导图以及《红岩》内容的思维导图。

九、主题思想

《红岩》反映的是新中国成立前夕光明与黑暗之间展开的一场生死较量。1948 年，中国革命已经进入关键的转折期，胜利即将到来。然而，在国民党统治下的重庆正处在黎明前最黑暗的时刻，在这样黑暗的时刻，山城重庆正在进行着残酷的斗争。小说围绕着三条线索来展开对敌斗争的描写："人间地狱"——集中营里革命者与反动派之间的生死较量，地下党所领导的城市运动，华蓥山革命根据地的武装斗争和农民运动。这三条线索交织成一个整体，最终汇集到狱中斗争这条主线索上。作者集中描写了集中营里的敌我斗争，生动地表现了革命者为迎接全国的解放，彻底挫败敌人的垂死挣扎而进行的殊死斗争，真实地再现了新中国成立前夕光明与黑暗进行决战的艰巨性，揭露了敌人垂死挣扎的极端凶残和色厉内荏的本质，歌颂了革命志士为真理而斗争的坚强意志和大无畏精神。

1.在《红岩》一书中，地下党围绕不同地点展开了复杂的斗争，请阅读下表，将内容补充完整。

斗争地点	代表人物	斗争方式
长江兵工总厂修配厂	①_____	团结工人，恢复生产
重庆大学	成瑶	组织罢课、学生代表争取权益
沙坪书店	陈松林	利用书店建立联络站
华蓥山根据地	②_____	组织游击战
③_____	齐晓轩	秘密开会，组织越狱
渣滓洞	余新江	欢庆新年，狱中斗争，组织越狱

2.联想是由一事物想到与之相关的另一事物的思维活动。阅读《红岩》整本书之后，小冀同学针对《红岩》的结尾部分展开联想，写了一则读书笔记。请以此为例，为《红岩》开头部分写一则读书笔记。

开头：抗战胜利纪功碑，隐没在灰蒙蒙的雾海里，长江、嘉陵江汇合处的山城，被浓云迷雾笼罩着。这个阴沉沉的早晨，把人们带进了动荡年代里的又一个年头。	读书笔记：
结尾：东方的地平线上，渐渐透出一派红光，闪烁在碧透的嘉陵江上。湛蓝的天空，万里无云，绚丽的朝霞，放射出万道光芒。	读书笔记：山城重庆的又一个早晨，天空出现"红光""朝霞"，黎明到来。这让我联想到在无数革命者抛头颅、洒热血、前仆后继地战斗之后，胜利即将到来，重庆就要迎来解放。

3. 请尝试从人物线索角度，梳理《红岩》中的某一主要角色的信息。

人物档案	姓名： 角色定位： 性格特点：
人物发展轨迹	首次出现： 重要事件：
人物影响分析	

4. 初心是人最初的心愿。不忘初心，方显坚毅。请你从以下人物中任选其一，概括出作品中表现其坚守初心的情节和品质。备选人物：

江姐（《红岩》）

保尔（《钢铁是怎样炼成的》）

朱德（《红星照耀中国》）

人物：＿＿＿＿＿＿＿＿＿＿

情节和品质：＿＿＿＿＿＿＿＿＿＿

5.根据下面的提示，从备选人物中任选一个，用他（她）的经历印证诗句。

诗句   备选人物

一片树林里分出两条路——而我选择了人迹更少的一条，从此决定了我一生的路。 ——弗罗斯特	诗句让你想到谁 ⇒ ⇐ 用他（她）的经历印证诗句	A. 刘思扬（《红岩》） B. 保尔（《钢铁是怎样炼成的》）

_____

_____

_____

_____

6.我国的京剧脸谱色彩含义丰富，红色的脸谱象征忠勇，黑色的脸谱象征威武豪爽，白色的脸谱代表凶诈。请把下列人物与其对应的脸谱色用直线连起来。

齐晓轩   红色的脸谱   曹　操

江　姐   黑色的脸谱   包　拯

甫志高   白色的脸谱   关　羽

第二部分 内容梳理

　　"内容梳理"是整本书阅读中的重要一环，是深入阅读的基础，也是现在中考的高频考点。本部分按照小说章节、斗争地点变化、人物事迹这三个方面梳理小说的故事内容，在给学生提供梳理内容的方法时，让学生了解小说的故事脉络，熟悉人物的英雄事迹。

　　其实，梳理内容的方法还有很多，本部分通过介绍这三种主要的梳理方法，目的是抛砖引玉，进一步锻炼同学们的概括提炼能力、分析思考能力，也为备考提供更多具有实用价值的答题思路。

第一章

内容概述

人　物	余新江、甫志高、陈松林、成瑶、黎纪纲、魏吉伯	
情　节	余新江见甫志高	目的：传达工厂失火情况，介绍老许新安排
	沙坪书店经营	目的：筹备新的联络站
	重庆大学训导处风波	结果：《彗星报》主编被打伤
环　境	1948年国共内战，重庆解放前夕，白色恐怖弥漫	

　　1948年元旦的早晨，国民党统治下的重庆市区一片混乱。炮厂工人余新江走在市区中，发现炮厂被火烧，两个纵火犯被全身捆绑着押过来，工人们早把两个匪徒认出来了，他们就是总厂稽查处的特务。余新江穿过乱哄哄的街头来到地下党沙磁区委委员甫志高的家里。他告知甫志高在工厂放火的是特务，并说许云峰准备在沙磁区设一处备用联络站。甫志高欣然接受任务，提议开个书店，安排陈松林为书店店员。

　　陈松林成为书店店员后，每周一去重庆大学给学生华为送一些刊物。这天他又去找华为，看到学校里张贴了很多布告和标语。他还看到学生们质问训导长的场景，其中一个叫成瑶的女学生带头讲话，还拿出了魏吉伯是特务分子的证据，学生们要求公审魏吉伯，这时有人发现魏吉伯从训导处的窗口逃跑了，《彗星报》的主编黎纪

14

纲上演苦肉计，带头追赶特务，被特务打伤。陈松林感到很愤怒，同时对黎纪纲产生了好感。

第二章

内容概述

人　物	甫志高、郑克昌、陈松林、黎纪纲
情　节	重庆大学罢课讨论
	陈松林结识读书青年
	陈松林送《挺进报》给黎纪纲
环　境	各大高校反对内战，工厂、学校不断展开斗争

　　天色快黑尽时，陈松林还在人丛中忙碌着。这时，甫志高来到了书店，他注意到一个青年在专心看书。这个青年最近经常来，看书的样子很投入，这时陈松林向甫志高汇报了那个青年的情况。陈松林根据与青年交谈的情况了解到，这个青年叫郑克昌。甫志高想让陈松林去接近那个青年，陈松林担心那样做不合适。甫志高却不以为然，觉得自己的判断不会出错。随后甫志高上楼翻阅了陈松林的读书笔记，之后和陈松林谈心，透露了扩大书店的打算。他还准备出版文艺刊物，团结进步青年。

　　几天后，陈松林去重庆大学找华为。在华为的宿舍里，他看到了自己要找的青年。原来那个青年是黎纪纲的表弟，因失业暂住在这里。华为叫陈松林去食堂吃饭，在路上他责问陈松林为什么要贸然在学校活动。正在这时，他们碰到了成瑶，成瑶把给炮厂工人募捐的钱交给华为，华为则偷偷递给成瑶一份《挺进报》。

第三章

人 物	成瑶、成岗	
情 节	成瑶藏《挺进报》	成岗当厂长的回忆
	成瑶遇江姐	《挺进报》有新任务
环 境	《挺进报》受知识分子欢迎，特务暗中调查	

中文系女学生成瑶追求革命，躲过特务的盘查，顺利把《挺进报》带回家给二哥成岗看。成岗却严肃地批评了她的莽撞行为，成瑶委屈地跑回房间。成岗回想起往事，自己刚开始是长江兵工总厂的一名职员，后来大哥介绍他加入了共产党，又做了修配厂的厂长，秘密从事着革命工作，大哥撤回延安后，许云峰找到成岗，让成岗做自己的交通员。之后成岗改由江姐领导，负责印刷《挺进报》。

第二天，成瑶思前想后，根据平日成岗的言行猜到了成岗是共产党员，她回家时在门口遇见了来找成岗的江姐。成岗表示要独自承担刻钢板和印刷的工作，江姐十分支持。江姐向成岗转达了自己要去农村开展工作的事情，让成岗以后接受市委负责同志李敬原的领导。

第四章

内容概述 //////////////////////////////////////

人 物	甫志高、江姐、华为	
情 节	江姐前往华蓥山，甫志高送行，华为接应	困难：车站突袭检查，江姐淡定应对
	华为、江姐二人结伴同行	
	江姐得知丈夫彭松涛牺牲	双枪老太婆安慰江姐
环 境	特务横行无孔不入，地下工作举步维艰	

区委书记江姐要前往川北华蓥山根据地，甫志高在码头送行。甫志高穿着西装搬箱子，江姐嘱咐他要注意工作方法，甫志高嘴上答应，心里却不以为然。华为在中途上车，陪伴江姐，做江姐的向导。在路上，华为告诉了江姐自己的身世，他很小的时候爸爸被抓，至今生死未卜；妈妈上山打游击，现在是华蓥山纵队的司令员，被称为双枪老太婆。快进城的时候，江姐感觉有危险，便离开华为，独自走到城门口。在那里江姐看到被示众的人头和布告上的名字，得知自己的丈夫华蓥山纵队政委彭松涛已牺牲，她强忍悲痛，跟着华为上了华蓥山。

双枪老太婆热情地接待了江姐，因怕江姐伤心，便谎称彭松涛过几天才回来，江姐告诉她自己已经知道了真相。双枪老太婆也有过相同的遭遇，非常理解江姐的心情，两人相拥哭泣。随后江姐镇定下来，擦干眼泪，坚决要求到丈夫生前战斗的地方继续工作。

第五章

人 物	黎纪纲、郑克昌、成岗、李敬原		
情 节	甫志高想要开拓文艺刊物	问题：经费不足
		举措：郑克昌卖衣捐款、留宿书店
	考查郑克昌	结果：送《挺进报》未出现差错
	李敬原夜访成岗	
	成岗改进印刷技术	成岗印最后一期《挺进报》
环 境	华蓥山斗争受打击，游击队损失惨重		

  在重庆大学的宿舍里，特务黎纪纲、郑克昌故意与陈松林谈起华蓥山纵队全军覆没的新闻，以骗取陈松林的信任。甫志高想办刊物为经费发愁。第二天，郑克昌得知消息后，把手头所有的钱交给陈松林，陈松林很感动。后来郑克昌又主动表示愿意到书店帮忙。他进书店以后工作很卖力，还不要报酬，这样郑克昌成了沙坪书店的店员。特务黎纪纲和郑克昌就是这样利用甫志高的工作漏洞，通过对陈松林的迷惑，日趋加紧了对沙坪书店的渗透。为了考验郑克昌，甫志高让他寄几份《挺进报》，报纸都顺利地寄到了。

  成岗加班加点秘密印刷《挺进报》，还用心钻研并设计新的油印机。夜里，李敬原来找他，两人一起工作。第二天早上，李敬原在走之前告诉成岗，市委准备扩大发行量，将《挺进报》改为铅印报纸。李敬原要成岗三天之内印刷完最后一期《挺进报》。而成岗在李敬原的领导下，把《挺进报》的刻写和印刷工作完成得很好，同时成岗也得知有一位同志在秘密地听取电台的消息，再把消息记录下来。

第六章

内容概述

人 物	徐鹏飞、严醉、沈养斋	
情 节	滑稽审讯	"国民党证"
	处决纵火犯	目的：平民愤
	徐鹏飞的抓捕计划	目的：抓陈松林
	李敬原夜访成岗	
环 境	特务机关秘密监视，时刻准备实施行动	

　　为了对付日益高涨的工潮和学潮，国民党在重庆设立了侦防处，徐鹏飞任处长，严醉任副处长，二人明争暗斗，关系紧张。徐鹏飞深得伪国防部保密局长毛人凤的信任。审讯室不断传来行刑的声音，徐鹏飞因为缺乏共产党地下组织的情报感到很烦躁。这时，他从同学沈养斋打来的电话中得知，严醉已经发现了共产党的线索。

　　徐鹏飞把严醉的手下黎纪纲叫到二处，询问他沙坪书店的事。黎纪纲很吃惊，不知道怎么回答。徐鹏飞说他早已得到共产党的线索，查获了《挺进报》，想跟黎纪纲交换情报。黎纪纲不敢反抗，供出了沙坪书店出现了共产党线索的消息。于是甫志高、陈松林暴露了。徐鹏飞准备当晚就对沙坪书店展开"抓捕"，吩咐黎纪纲回去和郑克昌部署行动。

第七章

人　物	许云峰、甫志高、李敬原、郑克昌、魏吉伯	
情　节	许云峰第一次来书店	发现书店已经暴露
		批评甫志高
	心心咖啡店的约定	郑克昌、魏吉伯计划落空
	甫志高被捕	
环　境	书店运营状况良好，《挺进报》深受青年欢迎	

　　许云峰来到沙坪书店检查工作，准备将其启用为正式的联络站，从陈松林口中得知甫志高想要扩大书店、办文艺刊物的消息。许云峰说自己先前对此毫不知情，陈松林很吃惊。陈松林又告诉许云峰书店新来了一个店员郑克昌，许云峰了解情况后判定郑克昌很可疑，意识到此处已经被特务盯上，十分危险，当即决定让陈松林转移。他接着去找甫志高谈话。许云峰批评了甫志高违反规定开展工作的事情，并让他打电话通知书店的保证人刘思扬立刻转移，还告诉他今晚不能回家，明天上午十点见面研究对策。

　　当天晚上，郑克昌和魏吉伯去书店抓陈松林扑了个空。他们以为陈松林只是暂时外出，后来才发现他已经跑了。而甫志高受到批评后心情沉重，他觉得郑克昌不像许云峰说的那么坏，内心对许云峰的命令阳奉阴违。最后，甫志高没有给刘思扬打电话，也没有听从许云峰的警告，而是选择回家，结果在家门口被特务抓住了。

第八章

人 物	许云峰、李敬原、成岗、成瑶	
情 节	许云峰、李敬原商量对策	许云峰掩护李敬原被捕
	成岗被捕，《挺进报》泄露	成瑶得知真相，改变身份
环 境	甫志高背叛组织，地下党革命工作被破坏	

　　李敬原和许云峰在茶园里接头，商讨应对沙坪书店暴露带来的被动局面。此时他们还不知道甫志高已经被捕叛变。由于茶园距离许云峰和甫志高约定接头的咖啡店很近，所以许云峰准备离开茶园。不料特务已经封锁了出口，开始搜查。许云峰让李敬原先走，自己则镇定地喊已叛变的甫志高过来，以吸引特务的注意力。李敬原成功逃脱，许云峰则被特务逮捕。

　　星期天上午，成岗终于印完了最后一页报纸，突然他听到妈妈高声说话，意识到敌人出现了。他没有立刻逃跑，而是把扫帚挂在窗口，向同志们报警。特务们意外发现了《挺进报》的来源，成岗被捕了。成瑶与李敬原在中山公园碰面，成瑶得知了印刷《挺进报》的就是成岗和他被捕的消息。李敬原让成瑶化名陈静，以记者的身份继续从事革命工作。

第九章

人　物	沈养斋、徐鹏飞、许云峰、成岗	
情　节	徐鹏飞突审许云峰	对成岗用刑，威胁许云峰
	许云峰主动承认《挺进报》工作	成岗壮志写下"自白书"
环　境	特务抓到重要人物许云峰、成岗，严加审讯	

沈养斋打电话祝贺徐鹏飞。徐鹏飞经过慎重考虑，决定亲自审问许云峰。一见面，徐鹏飞就大声质问许云峰，而许云峰则镇定自若。随后，徐鹏飞又抛出手中掌握的资料，试图动摇许云峰的意志，许云峰表示自己不会告诉他任何情报。为了刺激许云峰，徐鹏飞让人打开刑讯室的铁门。许云峰发现里面是已经被打得血肉模糊的成岗，他压制住内心的痛苦，冷静地应付敌人。徐鹏飞诈称自己已经掌握了他们的组织关系，让许云峰老实交代。许云峰告诉徐鹏飞，自己是《挺进报》的领导人，他有意把敌人的全部注意力都引向自己，以保护组织和群众。徐鹏飞又把注意力转向成岗，告诉成岗只要他肯写"自白书"就释放他，成岗写了一首饱含革命激情的《我的"自白书"》。徐鹏飞看了十分愤怒，用假意枪毙成岗等人来威胁许云峰，但许云峰没有屈服。

第十章

人 物	徐鹏飞、严醉、沈养斋、毛人凤、许云峰	
情 节	特务完成计划，设宴庆功	
	特务仍旧收到《挺进报》	特务制造"共和"假象迷惑大众
环 境	特务想制造许云峰叛变假象，企图破坏地下革命工作	

  徐鹏飞在家中举行盛大宴会，因为这次对地下党的抓捕有功，军统特务头子、伪国防部保密局局长毛人凤宣布任命徐鹏飞兼任西南特区区长职务。但就在觥筹交错的时候，毛人凤收到了新一期铅印的《挺进报》，他责问徐鹏飞《挺进报》怎么又出了铅印版，还问他是否知道工人骚动的事。说话间突然停电，汽笛声此起彼伏。毛人凤为共产党正在煽动全市工人罢工、到处散发传单大为恼火，他特别指示要从许云峰身上找突破口。

  于是徐鹏飞决定变换手法，他假意邀请许云峰赴宴，实则是想用计，请许云峰赴宴，企图和许云峰碰杯，以便拍下照片去宣传，捏造地下党负责人与他们合作的谣言。许云峰识破了他的阴谋，不肯端起酒杯，记者未能拍到许云峰与徐鹏飞碰杯的照片。他还在宴会上慷慨演说，批判敌人。稍后，许云峰被带到休息室，与毛人凤展开辩论。他毫不退缩，誓不与敌人合作，毛人凤最后也不得不灰溜溜地败下阵来。

第十一章

人　物	刘思扬、余新江、丁长发、龙光华、老大哥
情　节	刘思扬与孙明霞被捕
	刘思扬与特务辩论
	刘思扬同狱友一起照顾余新江
	战友被带走处决
环　境	甫志高叛变余波未平，多名地下党员处境危险

刘思扬和未婚妻孙明霞同时被捕。徐鹏飞不相信刘思扬会成为真正的共产党人，特意对他引诱软化，但刘思扬拒不投降。刘思扬被假枪毙后关进渣滓洞楼七室，在那里他认识了余新江、丁长发、龙光华等人。

这时正是夏天，特务对牢房断水，企图用干渴逼迫大家就范。狱友丁长发把室内所剩不多的水全倒进碗里，让刘思扬给刚受完刑的余新江喝。角落里的老大哥口渴得厉害，但是他仍然要把水留给受伤的战友。监狱的饭特别难吃，大家都没胃口。老大哥带头盛饭，劝大家吃霉臭的米饭。半夜里，刘思扬听到处决的枪声，双眼已泪汪汪，丁长发和龙光华对此都感到愤怒。有一天夜里，大家惊讶地发现，特务提审了许云峰。

第十二章

人 物	余新江、老大哥、龙光华、许云峰
情 节	余新江与老大哥相认
	许云峰被担架抬入楼八室
	众人发现水源，挖掘水坑
环 境	特务对革命战士持续进行迫害和虐待，革命战士处境艰难

余新江觉得老大哥很面熟，攀谈后发现他是自己以前夜校的夏老师。遭到毒打的许云峰被抬入楼八室，担架上的他露出的脚血肉模糊，还套着沉重的脚镣，战友们都想知道他是谁。几天后的一个早晨，战友们听到楼八室传来脚镣的响声和激昂的歌声，大家应声歌唱。这时，监狱里降生了一个孩子，孩子的母亲因为难产去世了，许云峰给这个孩子起名为监狱之花。

众人发现了一处水源，便不停地挖掘，终于挖出了一个水坑。很多同志过来舀水，龙光华为了给缺水的牢房送水，一连舀了好几次。特务发现后，想要破坏水坑。为保护水坑，龙光华挺身而出。特务把他带去了办公室毒打，众人呐喊抗议。所长猩猩想填平水坑，还要求挖过水坑的人自首。许云峰带头抗议，把特务吓得张皇失措。

第十三章

人　物	龙光华、刘思扬、余新江、所长猩猩	
情　节	龙光华护水牺牲	刘思扬和余新江与猩猩谈判
	猩猩将两人监禁，引发众怒	
	战友绝食抗争，猩猩准许祭奠龙光华	
环　境	狱中抗争不断推进，取得初步抗争结果	

　　龙光华回到监狱后，每个人都轮流照顾他，希望他能好转。他在昏迷不醒的时候，表达了对党的热爱。但由于缺医少药，龙光华最终壮烈牺牲。丁长发和余新江眼含泪水帮他整理遗容，收拾遗物。余新江从龙光华的衣袋里取出一颗红色的五角星，刘思扬帮忙把五角星缝在他的军帽上，实现了龙光华的遗愿。

　　猫头鹰想要抬走龙光华的遗体，众人的怒火爆发了。全监狱的人让余新江、刘思扬做代表找监狱长猩猩谈判，提出了四点要求：礼葬龙光华；遇到重病号，一律送医院治疗；废除一切非人的迫害和虐待，改善监狱里的生活待遇；举行追悼会。猩猩不同意，于是全监狱里的人绝食抗议，特务拿饭菜来诱惑，战友们也不为所动。后来，猩猩同意了全部条件。战友们为龙光华写了挽联，扎了花圈，为龙光华举行了庄严的追悼会。

第十四章

人　物	江姐、甫志高、华为、双枪老太婆
情　节	江姐让华为先行离开联络站
	甫志高借口送军火，暴露江姐身份，致其被捕
	双枪老太婆进城营救江姐，但江姐已被押往重庆
环　境	甫志高叛变，余新江被捕，联络站陷入危机

　　华为来到一处小院和江姐见面交换情况，告诉她余新江被捕了，当天的会议临时改期。江姐觉得联络站应该马上转移，就让华为带着需要转移的东西先走。江姐仔细查看完房间准备离开时，听到甫志高叫她，甫志高让江姐检查秘密送来的一批军火，骗说余新江病了。通过对话，江姐察觉到危险。江姐发觉脱身无望并估计华为已走远后，大声斥责甫志高是无耻的叛徒，屋外的特务冲进来抓住了她。

　　为了营救江姐，双枪老太婆伪装成一个富人来到敌人的必经之路。她走进一家店铺吃饭，乡丁们凑过来聊天，说起双枪老太婆的传奇事迹。警察局局长认出了双枪老太婆，双枪老太婆带领的狙击队队员缴去了局长和乡丁们的武器。不久，化装成乡丁的狙击队队员拦住了过路的军车，抓住了甫志高和魏吉伯，双枪老太婆这才知道特务改变了计划。狡猾的敌人半夜用快船把江姐转移到了重庆。

第十五章

人 物	江姐、余新江、李青竹、孙明霞、许云峰
情 节	特务对江姐用竹签钉指，但江姐坚定不屈
	许云峰用歌声鼓舞江姐，江姐坚强地回到女牢
	女牢的同志们悉心照顾江姐，孙明霞含泪给江姐擦药
	李青竹回忆与江姐的过去，向大家讲述江姐的身世
	男牢的同志们给江姐写慰问信，江姐激动回信
环 境	特务持续迫害江姐，全体狱友对江姐敬佩不已

　　江姐被抓进渣滓洞后，特务半夜提审江姐，对江姐施加酷刑。江姐晕了，特务就会往她身上泼水。一天半夜，猫头鹰和狗熊把江姐从女牢带走，逼她招供，江姐说她不会告诉特务任何消息。徐鹏飞命令特务把竹签钉进江姐的十指指缝，但江姐也没有屈服。天亮时江姐回到牢房，许云峰用歌声和眼神鼓励她。江姐甩开特务，倔强地走了几步后扑倒在地，大家都很担心。

　　进入女牢后，战友们围在江姐身边，孙明霞给江姐抹药，李青竹给大家讲了江姐的身世。男牢的同志们给江姐写来慰问信，孙明霞朗读了信件内容，江姐听后很激动。江姐抱着在监狱里出生的女婴——监狱之花，让孙明霞代笔写了回信，她说"竹签子是竹做的，共产党员的意志是钢铁"。

28

第十六章

内容概述 //

人 物	渣滓洞众同志
情 节	得知前线捷报，大家内心欣喜
	狱中举行新年大联欢
	许云峰和余新江剖析当前形势
环 境	国民党节节败退，全国形势发生剧变

冬去春来，新来监狱里的人带来了许多好消息，其中包括辽沈战役全面胜利，淮海战役节节推进，解放军渡江指日可待，国民党有意和谈，监狱里的人听了非常激动。特务的监管也相应地有了一些松动。快要过年了，大家都商议着要过一个热闹年。各个牢房的战友准备了各种节目，还创作了对联，楼七室的同志们打算给每个坚强的战友送一颗五角星。

元旦那天，监狱里举办了新年联欢活动，表演各种节目、互换礼物。猩猩也过来凑热闹，点评对联。表演节目的时间到了，狱友们相互拜年，载歌载舞，十分快乐。许云峰告诉余新江，录音机不灵了，因为特务新装的电线已被拉断。据许云峰分析，国民党提出和谈是政治阴谋，特务现在采取的是明松暗紧的新手段。联欢会后孙明霞送来江姐写的纸团，余新江等人得知监狱党组织联系上了地下党的好消息。然而到了半夜，楼下传来消息说许云峰刚被敌人押走了。

第十七章

人　物	成瑶、新闻处处长、徐鹏飞、陈松林	
情　节	国民党主持召开新闻发布会	成瑶（化名陈静）大胆质疑
	徐鹏飞计划镇压学潮	陈松林对成瑶的任性进行批评指导
环　境	国民党战场吃瘪，国内形势急剧变化	

在解放军节节胜利、蒋介石请求和谈的背景下，西南长官公署召开记者招待会，宣传国民党的和谈政策，以期混淆视听。化名陈静的成瑶也来了，身份是《蜀光日报》的记者。新闻处处长和徐鹏飞都发表讲话表明国民政府意在求和，成瑶勇敢发言，质问杨虎城被关押一事。成瑶通过《山城晚报》戳穿了国民党假和谈的真相，引起了徐鹏飞的注意。

请愿的学生们冲进西南长官公署，徐鹏飞被困在手下的办公室里。窗外传来学生们喊啦啦词的声音，这时，徐鹏飞的手下又带来了兵工厂军火失窃、工人准备罢工、工人发表告全市同胞书等消息，徐鹏飞感到很烦，决定镇压学潮并让郑克昌执行特殊任务。

因为记者招待会上的冒失行为，成瑶不能再回报社，但仍以记者身份参加革命活动。这天，成瑶参加完学联会议，陈松林来找她，告诉她叛徒和特务魏伯吉已被华为处决的消息。他批评了成瑶支持全市学生大示威的观点，还给她分析了当前的形势，使她认识到自己的幼稚和不足。

第十八章

人 物	刘思扬、朱介、老朱
情 节	刘思扬被国民党释放，实则是软禁在家
	老朱出现并要求刘思扬做书面汇报
	李敬原的纸条帮助刘思扬识破老朱身份
环 境	国民党假装和谈，革命形势仍旧陷入困境

　　面对江河日下的战争颓势，重庆的国民党特务展开了和平攻势，特务说要释放刘思扬，刘思扬却不愿意离开大家。老大哥提醒他保持警惕，还教给他一首与齐晓轩接头的诗，众人跟他告别。国民党假意释放了刘思扬，然后在刘庄周围密布特务，对刘思扬进行软禁。

　　刘思扬被软禁在家里，不能和外面接触。一天夜里，他正准备趁着风雨之夜逃离此地，忽然听到外面传来敲门声。一个自称是地下党员的老朱来见刘思扬，称自己是前来接头的地下党，以审查刘思扬的名义来找他，还说李敬原对刘思扬有些怀疑，让刘思扬书面汇报情况，要求刘思扬交代狱中党组织的活动情况。刘思扬经过反复思考，觉得不妥，不肯写。早晨送奶工人给刘思扬传了一张纸条，上面是李敬原的字迹，提醒他处境危险，让他赶快离开。但他没有来得及逃离，就再次被捕。

第十九章

人 物	刘思扬、成岗
情 节	刘思扬再次被捕，关进白公馆
	成岗被注射"诚实注射剂"
环 境	特务心思愈加狠辣，手段愈加残酷

刘思扬再次被捕，被押到白公馆与成岗关押在一起。他想接近成岗，成岗却对他很冷淡。放风时间，他看到了一个独自跑步的疯老头和其他出来放风的人，他们的表情都很冷漠。渐渐地，刘思扬发现这里关押的人员成分复杂，除了共产党员，还有不少受到优待的"政治犯"，如黄以声将军、杨虎城将军及其秘书宋绮云一家。刘思扬还认识了一个又瘦又小却很聪明的小孩——小萝卜头。

成岗经常被特务押去审讯，刘思扬很担心他。一天成岗又被特务押走，去了中美合作所特别医院。医生假装很友好，说要给他治疗，接着给他注射了"诚实注射剂"。在药物的作用下，成岗产生了幻觉。特务开始审讯他，想通过他刺探地下党的秘密。他竭力保持清醒，没有泄露任何有用的情报，还朝着特务怒吼，特务的阴谋未能得逞。

第二十章

人 物	刘思扬、成岗、小萝卜头
情 节	成岗与刘思扬相认
	小萝卜头告别成岗和刘思扬
	成岗和刘思扬发现敌特焚烧文件
环 境	解放军捷报频传，渡江战役胜利

因为齐晓轩传来的纸条，刘思扬取得了成岗的信任。成岗在监狱中出版《挺进报》，黄以声将军利用能够看报的特权给成岗传递消息。刘思扬做成岗的助手，帮他放风。成岗按照齐晓轩的要求用仿宋字和变色铅笔编写《挺进报》，写好后把《挺进报》折成小纸条系在麻绳上，通过水管的盛水槽送到楼下。

刘思扬从成岗口中得知小萝卜头就是宋绮云的儿子宋振中，很小就随父母来到监狱，现在跟着黄以声将军学习，还会帮监狱的人们传递消息。这天小萝卜头在去找黄以声将军上课时抓到一只小飞虫，但是他最后还是放了它。一天夜里，小萝卜头做了一个噩梦，梦中有长着翅膀的特务在抓人。醒来后，小萝卜头来跟成岗告别，说他和妈妈要被带到贵州。他送给成岗一幅描绘黎明的画，还让成岗转告齐晓轩，他没能探明地牢里关的人是谁。

有一天集体放风时，成岗和刘思扬发现特务们将所有秘密档案全部搬走烧毁了。他们从黄以声将军送来的报纸上看到了解放军横渡长江的喜讯。原来蒋家王朝的覆灭指日可待了。

第二十一章

内容概述

人物	郑克昌、余新江、景一清、霍以常、小宁
情节	郑克昌伪装成进步记者进入渣滓洞，试图探查狱中党组织线索
	余新江巧妙设计除掉郑克昌和看守狗熊
环境	渣滓洞楼七室的压抑与紧张氛围

在渣滓洞里，余新江所在的楼七室关进了一个叫高邦晋的新闻记者和三个学生。学生们很钦佩高邦晋，管他叫老高。一天夜里，老高跟余新江谈心，后来又表示想找监狱里党的负责人，引起了余新江的怀疑。实际上，老高就是特务郑克昌，他伪装成记者的目的是利用余新江担忧母亲的情绪骗取余新江的信任，以便探知监狱中党的领导核心及他们和地下党的联系方式。

几天后的一个早晨，老高带着三个学生来到之前战友们挖的水池，给他们讲了水池的来历，想要利用他们发动斗争。老高还告诉学生们他已经找到了党，学生们往墙上泼水庆祝。老高鼓动单纯的青年学生唱啦啦词惹事，露出了马脚，特务闻声赶来，以触犯所规为名给学生们钉上重镣。老高想开口抗议，遭到余新江的阻拦。余新江为了试探老高，与狗熊说完话后，故意在衣缝处藏了一张纸条。老高给上级传了消息，导致狗熊被抓。夜里，余新江和战友们审问老高，获悉了敌人的阴谋。

第二十二章

内容概述

人 物	胡浩、陆清、杨进兴、齐晓轩、黄以声
情 节	胡浩因不慎暴露《挺进报》而遭受拷打
	齐晓轩为保护狱友出面承认
	齐晓轩成功转移了敌人的注意，避免了更大的风险
环 境	白公馆的可怕审讯和特务搜查

在解放军强大的攻势面前，国民党全面溃败。白公馆的所长陆清坐在家中听新闻，担心时局变化对自己不利，想给自己找条后路。于是把和共产党走得很近的黄以声将军叫来谈话。这时看守长杨进兴发现胡浩在阅读狱友传递的有关中共召开七届二中全会的小纸条。

原来胡浩因为高度近视，在看《挺进报》的时候被特务发现了。特务严刑拷打胡浩，胡浩一口咬定《挺进报》是自己写的。特务们对监狱进行了突击搜查，却没有找到线索，于是毒打胡浩。听到拷打声和惨叫声，刘思扬和成岗非常痛苦，但又毫无办法。这时齐晓轩站出来承认纸条是自己写的，敌人通过笔迹鉴定认定了事实。齐晓轩说纸条上的消息是自己在管理室里的报纸上看到的，特务不相信，拿出报纸让他翻阅，他找到了印着那条消息的报纸。陆清担心自己会受到纪律处分，让杨进兴告诉所有看守员不要再提这件事，暗里继续追查监狱党组织是如何与地下党联系的，还让他把共产党员集中在几间牢房，严加看管。

第二十三章

内容概述

人 物	刘思扬、成岗、华子良、老袁
情 节	刘思扬和成岗被转移到新牢房，得知地牢中有未知囚犯
	刘思扬借书学习，夜间观察胡浩秘密写作
	刘思扬临摹马克思画像，老袁告诫他应该低调行事
环 境	白公馆图书馆，提供精神慰藉的同时，也是情报传递的场所

《挺进报》事件后，成岗和刘思扬被转到楼下的牢房，特务把胡浩也赶到他们那里，不让胡浩继续和齐晓轩住在一起。早上，刘思扬发现负责送饭的"疯子"华子良将饭送到一个隧道中去。刘思扬从成岗处了解到隧道的地窖内关押着一位不知名的战友。一次，刘思扬突然发现胡浩拿着一本书，这才知道白公馆还有图书馆，便去图书馆借了书，还临摹了一张马克思的像贴在一本书破旧的封面上。夜里，刘思扬发觉胡浩起来写字，听成岗说他一连写了几年，可是胡浩写的都是代字和符号，谁也看不懂。

放风时，刘思扬想再去图书馆借几本书，在图书馆门口听到管理员老袁在大声读唐诗。刘思扬明明看到成岗和齐晓轩走进了图书馆，他进去后却找不到他们，感到很奇怪。这时刘思扬发现桌上放着封面被他贴过画像的那本书，但画像连同封面都没了。刘思扬正觉得奇怪，老袁发话了，斥责了他在书上贴画像的麻痹轻敌行为，他感到十分羞愧。

第二十四章

内容概述

人 物	齐晓轩、成岗、华子良、李敬原、双枪老太婆、许云峰
情 节	齐晓轩和成岗计划越狱
	华子良说出真实身份成为新联络人，与外界建立联系
	地牢中许云峰在偷挖隧道，借助华子良传递越狱计划
	李敬原与双枪老太婆讨论救援计划
环 境	地下党与狱中党组织通过华子良恢复联系，筹谋越狱和救援计划

原来图书馆的楼板下面是一个秘密的集会地点，成岗和齐晓轩正在讨论越狱的计划，老袁的唐诗就是通知他们的信号，他还告诉成岗特务准备在撤退前毁坏重庆，要想办法把这两个情报送出去。因为白公馆最近与地下党的联系中断了，现在缺少送信的人。此时，"疯子"华子良突然闯入，原来，他是原华蓥山纵队党委书记，被捕已经15年了，他从罗世文、车耀先牺牲的那天就开始装疯，欺骗敌人，然后等待机会与地下党联系，完成越狱任务。他和齐晓轩对上了接头暗号，还带来了地牢里的同志写的信。他们这才知道那个

同志是许云峰，而且许云峰已经挖出了一条越狱的秘密通道。

华子良借着出去挑菜的机会接收和送出情报。李敬原收到了华子良送的信，去见了双枪老太婆，传达了党保全重庆、抢救狱内同志的指示。他还告诉双枪老太婆她的丈夫华子良没死，双枪老太婆心情激动，决定等到和解放大军胜利会师时再和丈夫见面。双枪老太婆接受了任务，准备营救监狱里的同志，并协助地下党组织对抗蒋介石毁灭山城的阴谋，保护重庆。

第二十五章

内容概述

人 物	徐鹏飞、严醉、黎纪纲、江姐、李青竹、孙明霞
情 节	徐鹏飞迎接严醉，严醉提密裁计划
	女牢收消息，绣五星红旗
	江姐和李青竹被提走，英勇就义
环 境	中华人民共和国成立的消息传入监狱

听闻中华人民共和国宣布成立的消息，徐鹏飞为自己以后的处境担忧。严醉、黎纪纲和美国代表团从美国回来，徐鹏飞在机场迎接。严醉率先到达，他传达了代表团的意思，说要提前分批秘密处决关押的共产党员。

此时，渣滓洞女牢的同志们得知中华人民共和国成立的消息，欣欣鼓舞。女牢的同志们在监狱之花的母亲牺牲前留下的红旗上绣了五颗星，然后请江姐揭开了五星红旗。黎明时分，特务通知江姐和李青竹收拾东西准备转移，孙明霞心怀疑惑。江姐预感到最后的时刻到了，但她非常平静，把头发梳理整齐，换上了蓝色旗袍和红色绒线衣，再次亲吻了监狱之花，向大家道别，还安慰和鼓励战友们。李青竹出门时，特务递给她一根手杖，她把手杖扔到一边，拖着断腿自己行走。江姐走上前扶着她，她们头也不回地走了。

第二十六章

内容概述

人　物	孙明霞、余新江、江姐、李青竹、黄以声、华子良
情　节	江姐牺牲，越狱计划受挫
	孙明霞暗示信件，余新江发现遗书
	黄以声被害，看守更换，华子良被特务带走
环　境	渣滓洞内外氛围愈加紧张，特务行动愈发嚣张

　　在渣滓洞放风时，女牢的战友们到楼栏杆上晾衣服，孙明霞暗示衣服里有信件。同志们正在想办法取信时，猩猩带领一干特务来搜查，什么都没有找到，气急败坏地宣布取消放风时间。特务走后，余新江从口袋里摸出一个纸团，原来是那位值班看守帮助了同志们，他把女牢的纸团传给了余新江。那是江姐的遗书，江姐建议大家加强与白公馆的联系，尽量提前行动。老大哥通知大家晚上学习江姐的精神，并检查越狱准备工作。

在白公馆，杨进兴通知黄以声将军到梅园谈话。黄以声将军自从得知杨虎城将军和小萝卜头全家都惨遭敌人杀害后，就知道了自己的命运。果然，当黄以声将军走到一座小桥时，杨进兴从背后开枪杀害了他。华子良准备和渣滓洞我党潜伏的值班看守接头，但失败了。于是他准备趁买菜的时机摆脱敌人的控制，为地下党的队伍领路，接应越狱，但就在当天被新来的游击训练总部的特务带上了卡车，驶出了中美合作所。

第二十七章

内容概述 //

人物	李敬原、成瑶、徐鹏飞、毛人凤、严醉、黎纪纲
情节	李敬原和成瑶筹划营救，与监狱失去联系
	徐鹏飞与毛人凤会谈，黎纪纲被提拔
	特务发现李敬原会议信息
环境	人民解放战争进入关键时期，敌人加强警戒，地下党积极筹划

胜利的时刻快到了，为迎接重庆的解放，市委要求地下党做好迎接解放的工作。李敬原来到安平人寿保险公司与成瑶接头，安排护校、护厂等活动，以对抗国民党撤退前的疯狂破坏。同时想办法解救被关押在集中营里的战友。成瑶向李敬原汇报说长江兵工总厂工人计划诱捕特务头子，还说渣滓洞与外界断了联系，渣滓洞的那

位看守员下落不明。李敬原安排成瑶等候华为和解放军先遣部队。没过多久，李敬原得知与白公馆的联系也断了。

与此同时，徐鹏飞在电话里向毛人凤汇报了工作，特区周围加强了防守，集中营的看守人员全部换了新的。稍后，徐鹏飞得知毁坏重庆的爆破计划执行时遇到困难，便去找毛人凤当面请示。毛人凤对徐鹏飞的工作不太满意，倒是很青睐黎纪纲，把他提拔为少将，想让他驻守川康两省。这时，电话突然响起，长江兵工总厂稽查处报告，特务传来关于李敬原和成瑶等人参加会议的情报，黎纪纲立马自告奋勇前去捉拿他们。

第二十八章

内容概述 //

人 物	胡浩、成岗、杨进兴、陆清、徐鹏飞、许云峰
情 节	胡浩请求入党并获信任，交出牢房钥匙
	华子良成功逃脱
	黎纪纲失踪，许云峰慷慨就义
环 境	牢狱中的革命者面对死亡依旧坚定，外界人民解放军逼近

在白公馆，胡浩交给成岗入党申请书，成岗读后深受感动。胡浩本来是一个学生，因走错了路被关押多年，在狱中遭受了很多折磨。他每天夜里起来写作，为的是揭露敌人的罪行，记述共产党员的光辉事迹。胡浩还递给成岗一把用铁片磨成的钥匙。

华子良在进山的路上逃跑了，徐鹏飞听说后十分恼怒，决定沿路搜查，追捕华子良。他还亲自到白公馆检查工作。成岗判定华子良已经脱险，刘思扬这才知道华子良是自己人，不由得对他充满敬意。

　　黎纪纲在去抓捕成瑶时中了地下党设下的圈套，突然失踪，这让白公馆的所长陆清十分紧张。代表团副团长要求立刻成立行刑队，当天处决所有"政治犯"。徐鹏飞在处决行动前见了许云峰，许云峰虽然身体虚弱，但仍然坚定无畏，认为为革命事业而牺牲是光荣的事。随后许云峰和成岗被投入镪水池，慷慨就义。

第二十九章

内容概述 ///

人　物	楼七室众人、猩猩、猫头鹰
情　节	渣滓洞内外的紧张情绪随着解放军的炮声而升温，越狱计划迫在眉睫
	老大哥识破猩猩的假释计谋，制订声东击西策略
	丁长发英勇牺牲，余新江严重烧伤
	墙壁倒塌，大批囚犯成功逃出，但代价惨重
环　境	渣滓洞外界解放军逼近，狱中地下党紧急筹划越狱

　　决战的时刻即将来临，在渣滓洞，余新江等人听到了远方解放军攻打重庆的炮声，老大哥正在等待最佳的越狱时机，牢房间传递着即将暴动的消息。敌人还在做垂死的挣扎，他们要在最后时刻杀

害狱中所有的革命者。猩猩借口要和平释放革命者，拖延着时间，等待行刑队的到来。老大哥要求和负责人员商谈善后工作。猩猩向徐鹏飞汇报，说老大哥是监狱的指挥，行刑前先处决他。

老大哥冷静部署，当猫头鹰和另外两个特务来开门时被袭击，余新江拿走了牢房的钥匙。他打开了楼下一、二室的门，又把手枪交给战友们。楼下一、二室的战友和丁长发小组的战友负责牵制敌人，在敌人的机枪扫射下，很多战友倒下了。余新江给女牢打开门，孙明霞举着红旗最后冲出来。在枪林弹雨中，她捡起了刘思扬临别时送给余新江的《铁窗小诗》。丁长发等人在与敌人战斗的过程中牺牲了。老大哥派人通知余新江，队伍已经冲了出去，叫余新江等人赶紧转移。墙垮了，监狱里的人冲了出去。

第三十章

内容概述 //

人 物	白公馆众人、陈松林、徐鹏飞、沈养斋、杨进兴
情 节	徐鹏飞的计划失败，陷入疯狂，下令集中消灭白公馆的"政治犯"
	白公馆守卫松懈，越狱行动悄悄展开
	越狱成功，但刘思扬不幸牺牲，胡浩在与敌人搏斗后坠崖
	华子良带领解放军及时到达，齐晓轩在最后时刻英勇牺牲
环 境	白公馆，解放前夕，国民党残部垂死挣扎，解放军取得胜利

徐鹏飞没想到共产党的攻势如此迅猛，电话里不断传来坏消息：双枪老太婆领导地下武装人员劫狱，严醉跟着美国人跑了，炸毁行动失败，人民接管了长江兵工总厂……他们的阴谋一个个被击碎了，徐鹏飞疯狂地下着命令。

刘思扬和胡浩听到枪声，知道渣滓洞的战友们已经开始行动，齐晓轩通知大家提前行动。刘思扬用成岗留给他的钥匙打开了牢门，齐晓轩和刘思扬带领大家通过许云峰留下的隧道越狱，老袁在前面领路，齐晓轩、刘思扬和胡浩走在最后。特务发现他们后开枪射击，刘思扬不幸中弹牺牲。越狱的队伍到达了悬崖底下，战友们一个接一个往上攀登。胡浩让齐晓轩先上去，自己抱住后面的刽子手滚落到深谷中。齐晓轩含泪指挥战友们离开，自己则站在悬崖上吸引敌人的火力。这时华子良带着解放军赶来接应，齐晓轩挺胸直视。黎明，终于到来！

二、典型环境梳理

《红岩》是按照时间的顺序来讲故事，每个章节都有自己的小故事。

小说里的地点经常变化，这些变化代表着故事中人物斗争的地方也在变。比如，故事开始时，人们在沙坪书店和工厂里活动。沙坪书店是陈松林和他的朋友们聚集的地方，而在工厂里，成岗认识了江姐，并开始帮忙印刷《挺进报》。

后来，故事的背景转移到了华蓥山，但因为甫志高的背叛，许云峰、成岗和江姐被敌人抓走，被关在了渣滓洞。接着，他们又有人被转移到白公馆。

通过这些地点的变化，我们可以看到小说有三条主要的故事线：

1. 成岗和他的朋友们在城市里秘密进行的工人运动；

2. 双枪老太婆和其他人在华蓥山进行的农民武装运动；

3. 许云峰、江姐和其他人在渣滓洞和白公馆进行的监狱斗争。

这三条故事线因为甫志高的背叛而汇集在一起，形成了监狱斗争的故事。

这样的安排让小说的结构变得很巧妙。通过分析地点的变化，我们可以更好地理解小说的故事和结构。

工人运动

章 节	地 点	主要事件
第一章	甫志高家	特务纵火，工人在沙磁区开展运动
第一章	沙坪书店	为开展学生运动，甫志高设立沙坪书店
第一章	重庆大学	成瑶等学生代表声讨特务，进行学生运动
第三章	成岗家	江姐与成岗交接《挺进报》印刷任务
第五章	沙坪书店	郑克昌骗取甫志高信任，进入沙坪书店工作
第五章	成岗家	成岗设计改进《挺进报》印刷机器
第七章	甫志高家	甫志高违反组织纪律，落入特务手中
第八章	茶馆	甫志高叛变，泄露组织秘密，带领特务抓捕许云峰，李敬原在许云峰的掩护下成功撤退
第八章	成岗家	成岗被捕，《挺进报》被发现，在被捕前一刻悬挂信号，保护了组织

章　节	地　点	主要事件
第八章	公园	李敬原告知成瑶成岗被捕的消息，并让成瑶做记者
第十章	徐鹏飞家	《挺进报》再次印刷并出现，工人进行大罢工运动
第十七章	西南长官公署会议厅	成瑶以记者身份参加和谈会，戳破敌人假意和谈的目的，巧妙避开敌军特务的陷阱
第十七章	各个街道	学生进行游行请愿，工人展开全市总罢工运动
第十八章	刘思扬家	敌人假意释放刘思扬，郑克昌伪装被识破，刘思扬被转移到白公馆
第二十章	重庆	特务意图炸毁重庆，人民自发反抗

农民武装运动

章　节	地　点	主要事件
第四章	华蓥山	江姐目睹丈夫彭松涛遇害的告示及烈士头颅之后，强忍悲痛与华为共同前往华蓥山，与双枪老太婆接头
第十四章	川北县城	甫志高被捕后出卖江姐，带领特务在川北抓捕江姐
第十四章	华蓥山	华为识破甫志高，双枪老太婆带领游击队救援江姐失败，江姐被押入渣滓洞
第二十四章	磁器口	华子良秘密传递情报
第二十四章	数帆楼	双枪老太婆接受保护重庆的任务

狱中斗争

章　节	地　点	主要事件
第九章	二处审讯室	徐鹏飞对成岗施刑，对许云峰审讯，妄图获取《挺进报》组织信息
第十一章	渣滓洞	刘思扬被捕入狱，敌人施行断水策略，众人阅读《囚歌》相互鼓励
第十二章	渣滓洞	监狱之花出生，众人欢欣。龙光华取水被敌人毒打
第十三章	渣滓洞	龙光华牺牲，众人要求追悼遭拒，众人绝食抗议，最终成功
第十五章	渣滓洞	江姐手指被敌人钉入竹签，众人诵读《囚歌》，并创作诗作向江姐表达敬意
第十九章	白公馆	成岗被注射"诚实剂"，未吐露组织秘密
第二十章	白公馆	成岗印刷《挺进报》，小萝卜头遇害
第二十一章	渣滓洞	郑克昌伪装记者，接近革命组织，鼓动学生运动，被识破
第二十二章	白公馆	《挺进报》被发现，齐晓轩主动承认掩护成岗
第二十四章	白公馆	华子良主动联系组织，成岗、许云峰商量越狱，许云峰暗中挖地道
第二十五章	渣滓洞	众人得知新中国成立，一起绣红旗，江姐牺牲
第二十六章	渣滓洞	众人为越狱做准备
第二十六章	白公馆	黄以声将军牺牲，华子良接头失败被带走
第二十八章	白公馆	胡浩请求入党，华子良逃脱，许云峰牺牲
第二十九章	渣滓洞	众人越狱
第三十章	白公馆	众人越狱，刘思扬牺牲

三、人物事迹梳理

在阅读时可以按照人物出场顺序进行情节的梳理，从人物的事迹和精神两个方面进行梳理，这样就完成了与人物有关的情节的梳理。如下面对江姐这一人物的情节梳理。

江　姐	
第三章	江姐通知成岗成为《挺进报》的工作人员。在这一章中有对江姐形象的描述，即"不到三十岁，中等身材，衣着朴素，蓝旗袍剪裁得很合身"。
第四章	江姐看到了彭松涛牺牲的布告，她"禁不住要恸哭出声。一阵又一阵头昏目眩，使她无力站稳脚跟……"
第十四章	甫志高叛变，带领便衣特务抓捕江姐时，江姐的表现："伸手披拂了一下自己的衣襟，凛然跨出堂屋，迈开脚步，径直朝洞开的黑漆大门走去……"
第十五章	面对严酷的审讯，江姐依旧不开口，于是，敌人用竹签钉入她的指缝，通宵受刑后江姐的神态："蓬乱的头发，遮盖着她的脸，天蓝色的旗袍和那件红色的绒线衣，混合着斑斑的血迹……"
第二十五章	江姐收到了写着好消息的信件，大家聚在一起，听着那激动人心的消息，"中华人民共和国成立了"，江姐和战友们一起绣红旗。也是在这一章的尾声，江姐诀别同志们，"江姐上前两步，扶着偻㩳地移动断腿的战友。她们在走廊上迈步向前，再也没有回头……"
第二十六章	同志们一起读江姐的遗书："在考验面前，脸不变色，心不跳！"

1.如果结合本部分的内容梳理，编写一部课本剧，你最想呈现其中的哪个人物的片段？请说明理由。

_____

_____

2.每个人都有各自的少年时代，但有些人的少年时代有着某些相似的品质。你能结合下面这些名著人物中的少年时代分析一下他们性格上的共同点吗？（任选两个）

A. 小萝卜头（《红岩》）

B. 阿廖沙（《童年》）

C. 保尔（《钢铁是怎样炼成的》）

_____

_____

_____

3.请从下面《红岩》的两位人物中任选一位，结合所给的关键词，列举出最能体现人物相关品格的两个事例。

①江雪琴（"坚强不屈"）　②华子良（"忍辱负重"）

_____

_____

_____

4.有人认为《红岩》中的小萝卜头是一个可怜的孩子，有人认为他不是。对此，你有什么看法？请结合人物故事情节分析。

_____

_____

_____

_____

第三部分　人物形象梳理

　　名著中的人物形象是常见考点，其中的题型千变万化，目的都是让同学们熟悉小说中的形形色色的人物。为此，本书的"人物形象梳理"部分从多个角度梳理小说中的人物，把人物形象与其性格特点和相关情节整合在一起，让同学们对人物形象有一个形象立体的感知。

　　此外，本书还从多条线索来梳理人物，让同学们在理解小说结构的同时，对小说中的人物形象也有更进一步的了解。

一、主要正面人物分析

江雪琴（江姐）

沙磁区委书记，负责学运。丈夫彭松涛牺牲后江姐接替他的工作，负责联络华蓥山武装组织。

事迹历程	幼年	◎父母早亡，无依无靠，流落在孤儿院，吃尽苦头，不到九岁就开始打童工，成年后加入共产党（第十五章）
	成家	◎江姐得知丈夫牺牲，快速镇定后投入到事业中，舍小家为大家，倾尽所有为共产主义事业而奋斗（第四章）
	狱中	◎在渣滓洞受尽酷刑，她始终没有透露出党的任何秘密（第十五章）
		◎新年来临之际，同大家一起开联欢会，鼓舞士气，振奋人心（第十六章）
		◎得知中华人民共和国成立的消息，她号召大家一起绣五星红旗，在监狱中迎接革命的胜利（第二十五章）
		◎在重庆解放前夕，敌人秘密裁决监狱内关押的革命战士，她英勇就义（第二十五章）
品格典范		1. 兢兢业业 2. 平易近人 3. 刻苦奋发 4. 坚贞不屈
精神之光		1. 对党绝对忠诚的政治定力 2. 敢于善于豆粥的使命担当 3. 功成不必在我的无私奉献 4. 以天下为己任的家国情怀

江姐语录：

1. 毒刑拷打是太小的考验！

竹签子是竹做的，共产党员的意志是钢铁！（第十五章）

2.上级的姓名、住址，我知道。下级的姓名、住址，我也知道……这些都是我们党的秘密，你们休想从我口里得到任何材料！（第十五章）

3.如果需要为共产主义的理想而牺牲，我们每一个人，都应该、也可以做到——脸不变色，心不跳。（第二十五章）

许云峰

重庆市地下党市委委员，工运书记。

事迹历程	开展工作	◎他和江姐共同商议决定出版一种宣传刊物，并建立一个备用联络站——沙坪书店（第一章）
	沙坪书店	◎他从沙坪书店的变化中察觉到危险，立即决定放弃书店并安排撤离事项（第七章） ◎甫志高叛变，在茶园为了掩护李敬原，他挺身而出，迎着叛徒走去（第八章）
	狱中审问	◎他把《挺进报》的责任揽到自己身上，主动吸引了特务的注意。他遭受了特务的残酷刑讯，但始终没有屈服（第九章） ◎徐鹏飞设"鸿门宴"企图污蔑共产党，他机智应对，巧妙识破诡计（第十章）
	狱中斗争	◎被关进地牢的许云峰，坚持挖地道，让更多的同志获救，最后英勇赴死（第二十八章）
品格典范		1. 坚强勇敢 2. 足智多谋 3. 大无畏气概
精神之光		1. 具有崇高马克思主义信仰的革命战士 2. 在狱中敢于与敌人针锋相对的斗争精神 3. 赤手空拳挖地道的顽强毅力

许云峰语录：

1. 你们早已落在人民的包围中，找不出逃脱毁灭命运的任何办法了。（第九章）

2. 这全是你们搜刮来的人民的血汗！告诉你们，共产党人决不像你们国民党这样卑鄙，拿人民的血汗来填灌肮脏的肠胃！（第十章）

3. 人生自古谁无死？可是一个人的生命和无产阶级永葆青春的革命事业联系在一起，那是无上的光荣！（第二十八章）

成 岗

社会身份是长江兵工总厂附属修配厂厂长，被捕前是地下刊物《挺进报》的编辑，并负责印刷工作。

事迹历程	修配厂	◎16 岁加入中国共产党，辗转多地后成为修配厂厂长，在地下党工作中担任许云峰的交通员（第三章）
		◎为救活工厂，保障工人生活，他在暴雨天气修理机器并及时带回。他一心为民的奉献精神，受到广大工人们的支持（第三章）
		◎以李敬原为领导展开地下工作，负责《挺进报》的印刷（第三章）
	被捕	◎因特务的叛变，他在被抓的最后一刻挂上扫帚做记号，以保卫党内其他同志（第八章）
	监狱	◎宁死不屈留下著名诗篇《我的"自白书"》（第九章）
		◎他利用手中的半支铅笔和一些香烟纸，在狱中坚持着白公馆版的《挺进报》的发行，积极参与狱中斗争（第十九章）
		◎重庆解放前夕，他和许云峰一起被秘密裁决（第二十八章）
品格典范		1. 沉着冷静 2. 机智乐观 3. 平易近人

（续表）

精神之光	1. 坚定的信仰和忠诚
	2. 临危不惧的淡然和智慧
	3. 严谨细致的工作态度
	4. 积极斗争、团结一心的合作

成岗语录：

1. 只要是为党工作，我没有不愿意的！（第三章）

2. 人，不能低下高贵的头，只有怕死鬼才乞求"自由"。毒刑拷打算得了什么？死亡也无法叫我开口！（第九章）

3. 我们没有个人行动的权利。（第二十二章）

刘思扬

担任《挺进报》的采编工作，是沙坪书店的保证人。

事迹历程	出身富贵，自食其力	◎富裕家庭的公子哥，省吃俭用靠自己参加革命（第十一章）
	奋然投身革命运动	◎他投身于沙磁区的学运工作，并在后来参与了《挺进报》的新闻稿收听和撰写工作（第十一章）
		◎刚入监狱，他努力适应环境，吃霉饭、倒便桶，最终得到老同志的认可（第十一章）
	狱中磨难：思想逐渐转变	◎在狱中参与斗争，写下《铁窗小诗》（第十五章）
		◎特务假意"和谈"，放他回家，但软禁并秘密监视他。他识破敌人奸计，意图逃跑时被抓进白公馆（第十八章）
		◎在白公馆内协助成岗越狱，成岗牺牲后接替其剩余工作（第三十章）

（续表）

事迹历程	黎明前夜，荣光照耀	◎越狱时被敌人子弹击中，英勇牺牲（第三十章）
品格典范		1. 傲骨嶙嶙 2. 浪漫诚恳 3. 正直坚定 4. 善于思考
精神之光		1. 英勇无畏的优秀党员 2. 坚贞不屈的革命志士 3. 积极向上的知识分子

刘思扬语录：

1.只有无产阶级是最有前途的革命阶级，只有它能给全人类带来彻底解放和世界大同！（第十一章）

2.这种廉价的自由，难道能够封住我的口？（第十八章）

3.人民解放了！人民胜利了！我们——没有玷污党的荣誉！（第三十章）

华子良

原华蓥山根据地党委书记。

相关情节	1. 他是狱中和党组织联系的联络员，因装疯卖傻而被特务称为"疯老头"，被关押在白公馆 2. 得知"提前分批密裁"的罪恶计划后逃到了解放区，助力完成越狱计划
性格特征	忍辱负重、忠贞不屈、心思缜密

双枪老太婆

华蓥山纵队的组织者、指挥员。

相关情节	1. 组织营救被捕的江姐（失败） 2. 接受和筹划突袭"中美合作所"营救狱友的任务
性格特征	智勇双全、爱憎分明、对党忠诚

二、次要正面人物分析

小萝卜头

本名宋振中，8个月大的时候，就随父母被带进了监狱。

相关情节	1. 他6岁时在黄以声将军的教导下学习，学习非常刻苦，记忆力很强 2. 小萝卜头捉到虫子后小心翼翼把它放在火柴盒里，但若有所思之后又把小虫放飞了，还小虫自由
性格特征	聪明伶俐、坚强刻苦、勤奋好学、渴望自由、勇敢机智

余新江

党员，长江兵工总厂附属修配厂工人。

相关情节	1. 在狱中坚持斗争，与刘思扬在追悼龙光华烈士事件中作为代表与特务谈判 2. 识破郑克昌的诡计 3. 参加了渣滓洞的越狱行动
性格特征	1. 沉稳、机智、正直、不屈 2. 对工作负责 3. 勇敢坚强、不畏强权、不怕牺牲

陈松林

共产党员，原长江兵工总厂附属修配厂工人。

相关情节	1. 调入沙坪书店，接受了甫志高的错误领导 2. 在被抓捕前夕听从许云峰安排脱逃 3. 后参加护厂运动，在斗争的大风大浪中迅速成长
性格特征	1. 信仰坚定，革命意志顽强 2. 对党无限忠诚，但是缺乏斗争经验

黄以声

原国民党东北军军长，关押在白公馆。他是小萝卜头的老师，最后被特务杀害。

相关情节	1. 深受进步思想的熏陶，将自己的报纸借给狱中地下党看 2. 在狱中给小萝卜头上课，教他各种知识
性格特征	刚毅坚定，每天都以军人的标准来严格要求自己

李青竹

共产党员，出身于书香门第，与江姐相识。

相关情节	1. 狱中老大姐，先于其他同志被捕，被捕时被老虎凳压断了双腿，所以大多数时间卧在床上，但她是女牢中人人敬仰的领导者。可以说，女牢的斗争，出面的是江姐，背后出谋划策的是李青竹 2. 她积极参与策反看守的工作，又做得一手好针线活，常常利用为敌人做针线的机会为狱友们争取福利 3. 最后与江姐一道被敌人秘密处决，成为美蒋屠杀计划的第一批牺牲者
性格特征	冷静、沉着、温柔体贴、少言寡语

孙明霞

共产党员，刘思扬的未婚妻。

相关情节	1. 协助刘思扬誊写新闻稿，后来与刘思扬一同被捕 2. 在狱中鼓励刘思扬，与女室同志策划新年大联欢 3. 识破敌人派到狱中特务的阴谋 4. 火烧渣滓洞时从狱中冲出 5. 越狱时拾得刘思扬的《铁窗小诗》
性格特征	1. 疾恶如仇 2. 热情、善良、活泼、直率、勇敢、乐观，对党忠诚

华 为

华子良与双枪老太婆之子，与黎纪纲同寝室，与成瑶是恋人关系。

相关情节	1. 在华蓥山纵队进行武装斗争 2. 参加过营救江姐的行动 3. 亲手处决叛徒甫志高和特务魏吉伯
性格特征	处事洒脱、赤胆忠心、不屈不挠

成 瑶

成岗之妹。本在重庆大学学习，后做记者，化名陈静。

相关情节	1. 刊登了杨虎城将军被囚在磁器口秘密监狱的消息 2. 后又因冲动在记者招待会上引起敌特注意而转行到安平人寿保险公司担任职员 3. 在斗争中逐渐成熟，展现了坚定的信仰和无畏的精神
性格特征	1. 热情开朗、活泼直爽 2. 信仰坚定、勇敢无畏

李敬原

共产党员，中共地下党重庆特委书记，川东特委委员，是党的重要干部。

相关情节	1. 许云峰发现甫志高叛变掩护他撤退时，为了给其他人报信，他毫不犹豫地撤离 2. 他领导着重庆的地下斗争 3. 他想尽办法和狱中的党组织、华蓥山游击队的司令员双枪老太婆联系，解救狱中的同志。他和工人一起保护山城，迎接解放
性格特征	沉着冷静、信仰坚定、意志顽强

龙光华

新四军战士，身材高大，声音洪亮。

相关情节	1. 参加中原军区突围作战时受伤被俘，被押往渣滓洞 2. 在找水事件中与特务发生冲突被打成重伤，当夜病重去世
性格特征	豪爽刚毅

齐晓轩

共产党员，狱中担任白公馆特支书记。

相关情节	1. 狱中难友胡浩看《挺进报》时，被特务发现，齐晓轩挺身而出，掩护胡浩，成功保全了狱中党组织 2. 最后领导了白公馆的越狱行动，为掩护战友，站在崖壁上吸引火力，壮烈牺牲
性格特征	老成持重、无私奉献、沉着果断、严谨认真

胡 浩

学生，1941 年因误入中美合作所禁区与他的同学被特务无辜逮捕。

相关情节	1. 在狱中受地下党人的熏陶，写下了火热的入党信 2. 在狱中看《挺进报》时，被特务发现并严刑拷打，却始终不说出机密 3. 最后参加了白公馆的越狱行动，与敌特同归于尽
性格特征	不怕牺牲、英勇无畏

老大哥

共产党员，姓夏，真名不详。1940 年被捕前是一名夜校讲师，曾教导过余新江。

相关情节	1. 与罗世文、车耀先一道被捕 2. 辗转息烽、白公馆等地后被押往渣滓洞关押，在狱中被称为老大哥 3. 最后参加了渣滓洞的越狱行动，下落不详
性格特征	老练成熟、沉着稳重

三、反面人物分析

甫志高

原共产党员，沙磁区委委员，兼任银行经理、沙坪书店店长。

相关情节	1. 帮助余新江组织工厂重建工作 2. 开备用联络站，结识看书的青年郑克昌并安排他在书店工作 3. 被捕后叛变，交代了许云峰等人信息，对地下党组织造成了极大的破坏
性格特征	贪图享乐，没有信仰，没有革命精神

郑克昌

特务，打入沙坪书店迷惑甫志高得手。

相关情节	1. 伪装进步青年在备用联络站看书 2. 为博取甫志高信任寄《挺进报》 3. 化名老朱向被软禁的刘思扬套取情报失败 4. 化身记者高邦晋潜伏狱中，后被徐鹏飞处决
性格特征	善于装可怜、虚伪、爱表现

黎纪纲

典型的军统走狗特务，曾受训于美国谍报机构。

相关情节	1. 曾在重庆大学活动，打入沙坪书店迷惑甫志高得手 2. 随严醉赴美，被提拔为少将，最后被诱捕
性格特征	凶残、狠毒、狡诈、功利性强、色厉内荏、前倨后恭

徐鹏飞

国民党陆军少将，西南长官公署二处处长，国民党保密局西南特区区长。

相关情节	1. 安排特务去抓甫志高和陈松林，假装释放刘思扬 2. 假枪毙成岗、余新江、刘思扬、孙明霞，吓唬许云峰 3. 妄想破坏许云峰的名声，但被许云峰机智化解
性格特征	1. 凶残狠毒 2. 阴险狡诈 3. 有着丰富的特务工作经验

魏吉伯

重庆大学学生、特务。

相关情节	1. 最初混入重庆大学妄图破坏会议，失败后又参加抓捕陈松林的活动，亦失败 2. 最后被双枪老太婆率领的华蓥山纵队活捉，被华为处决
性格特征	凶狠、狡诈

猩猩

渣滓洞集中营的特务头子。

相关情节	1. 因为他长着人的面孔，穿戴着人的衣冠，但没有人的心肝，而是一头类似人的刁诈的动物，所以大家都叫他猩猩 2. 一贯穷凶极恶地残害革命志士，使用老虎凳、内包铜丝的皮鞭和辣椒水等折磨共产党员和革命人士
性格特征	阴险狡诈、凶狠残忍

四、人物关系梳理

（一）以白公馆为线索梳理人物关系

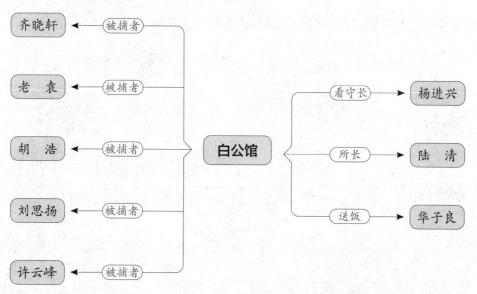

（二）以渣滓洞为线索梳理人物关系

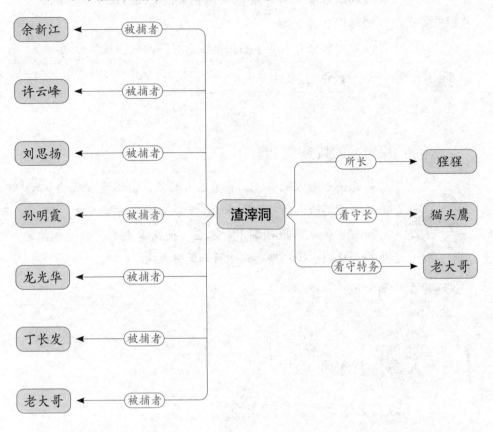

（三）以监狱外的华蓥山根据地为线索梳理人物关系

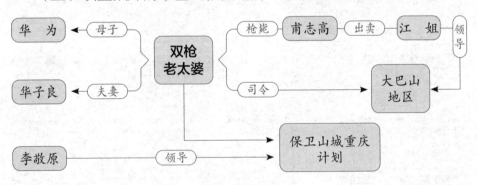

（四）以监狱外的重庆大学为线索梳理人物关系

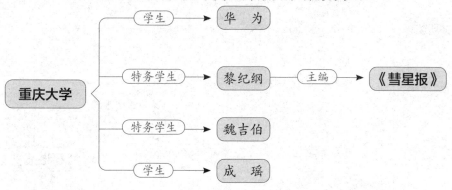

（五）以长江兵工总厂附属修配厂为线索梳理人物关系

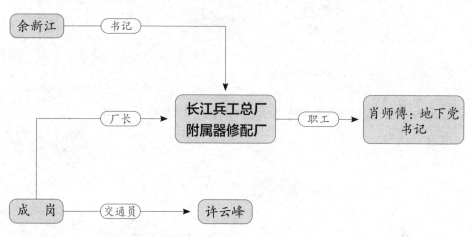

（六）以沙坪书店为线索梳理人物关系

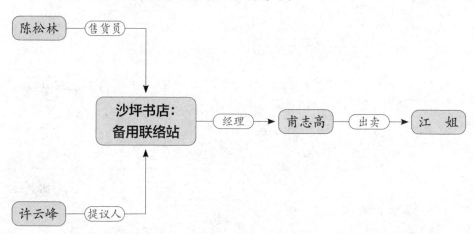

（七）以《挺进报》为线索梳理人物关系

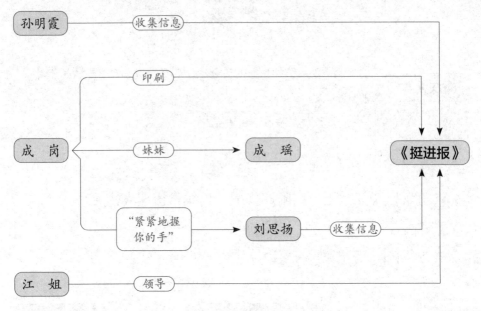

（八）以国民党军统特务为线索梳理人物关系

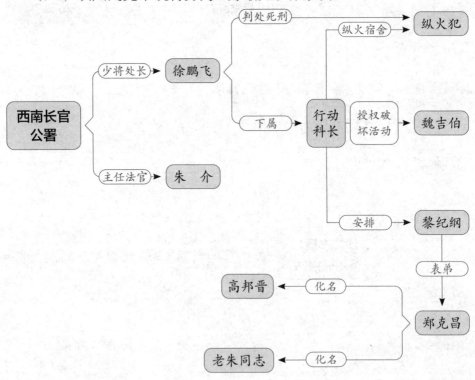

66

五、人物原型梳理

小说人物	原 型
许云峰	罗世文、车耀先——赴宴斗智 许建业——轻信特务、泄露机密 许晓轩——戴重镣、关地牢 韦福德——挖穿地牢
游击纵队政委彭松涛	江竹筠的丈夫彭咏梧
江姐（江雪琴）	江竹筠、李青林
成 岗	陈然——家庭化处理，增加成瑶、大哥、妈妈
刘思扬	刘国鋕 蔡梦慰——铁窗诗人
"疯老头"华子良	韩子栋
双枪老太婆	邓惠中、陈联诗和刘隆华
孙明霞	曾紫霞、杨汉秀
老大哥	唐虚谷等
余新江	余祖胜
胡 浩	宣灏
小萝卜头	宋绮云之子宋振中
监狱之花	左绍英的女儿卓娅
叛徒甫志高	以刘国定、舟益智、李文祥等叛徒为原型整合而成
特务头子徐鹏飞	徐远举

67

1.仿照下面示例，用流线图的方式画出英雄人物刘思扬的红色足迹。

示例：

人物：成岗

红色足迹：

抗战初期跟着父母流亡到四川→考进长江兵工厂总厂做职员→由大哥介绍入党→许云峰的交通员→江姐的交通员，参与《挺进报》工作，负责校对、印刷、出版→被捕入狱，经受住严刑拷打写下《我的"自白书"》→经受住"诚实注射剂"的考验→被关押在白公馆期间，与刘思扬配合在狱中编写《挺进报》，将革命的最新消息传递给同志们→被敌人以残忍的方式杀害

人物：刘思扬

红色足迹：

_____ → _____ → _____

→ _____ → _____

2.仿照下面示例，对《红岩》中的典型人物华子良的功绩加以评价。

示例：

【姓名】许云峰

【职务】重庆市地下党市委委员，工运书记

【组织关系】李敬原同志的下级，成岗同志的上级

【典型事例】

大屠杀前夕，许云峰用自己的双手挖出了一条通往监狱外的逃生通道，把生的希望留给战友，自己带着革命必胜的信念从容就义。

【历史原型】

1948 年的一个清晨，白公馆监狱像往常一样挨个查房，当看守员走到地牢的时候，却发现地牢靠右墙的地下被人为挖出了一个大洞，关押的犯人韦德福不见了。原来韦德福在地牢里用双手挖开了一块松动的墙脚石越狱而逃，不幸摔断了腿被看守发现抓回。1948年7月29日半夜被杀害于松林坡。许云峰挖逃生通道这一情节就取材于韦德福的这一真实故事。

【功绩评价】

他用双手为同志们挖通逃生之路，自己决然赴死，诠释了共产党人"舍生取义"这一崇高的精神境界。

【姓名】华子良

【职务】华蓥山根据地党委书记

【组织关系】罗世文的下级，双枪老太婆的丈夫，华为的父亲

【典型事例】

省委书记罗世文牺牲前嘱托他装疯，长期潜伏在白公馆，任务是与地下党建立联系，并帮助狱中同志完成越狱突围。他利用运送蔬菜的机会，与许云峰取得联系，并成功联络上成岗、刘思扬、齐晓轩。为同志们联络监狱外的组织，最终成功引导革命的队伍，铲平了白公馆、渣滓洞这两座魔窟。

韩子栋，山东省阳谷县人，1932 年加入中国共产党，1934 年因叛徒出卖被捕。被捕后，韩子栋辗转关押于多地的国民党秘密监狱。罗世文、车耀先被秘密杀害，韩子栋、许晓轩等被押解到白公馆。为了不暴露共产党员的身份，在狱中，韩子栋整日神情呆滞，蓬头垢面，无论刮风还是下雨，他总在白公馆放风坝里小跑，特务看守认为他已经疯了，就对他放松了警惕。于是他利用一次外出的机会成功逃跑，靠着天天在白公馆跑步锻炼的良好身体素质，他日夜兼程，经过 45 天的长途跋涉，终于到达了解放区。

【功绩评价】

_____

_____

_____

3. 学校开展活动，要为《红岩》中的英雄人物群像设计浮雕，请仿照示例说出你的创意设想。

示例：

【浮雕名称】红梅

【人物组合】江姐、李青竹、孙明霞

【设计说明】浮雕造型为：江姐、李青竹、孙明霞三人在狱中，李青竹围在江姐身旁，江姐怀抱监狱之花，孙明霞仰望监狱外伸出的一枝红梅。这是体现女共产党员狱中抗争形象的一组浮雕，选取江姐怀抱监狱之花的经典场景，通过人物位置体现人物关系：李青竹与江姐是老战友的关系，又同时牺牲，所以把这两个人物放在较近的位置。孙明霞是一个始终积极乐观的女共产党员，期望着能再得到自己的丈夫刘思扬的消息，更期盼着胜利的到来，所以将她设计为向铁牢外远望的形象。铁窗外伸出的一枝红梅是女性革命者形象的集体象征：坚贞、动人，有冰雪之姿与烈火之心。同时红梅亦是鲜血染就的，照应浮雕主题。

【浮雕名称】_____

【人物组合】_____

【设计说明】_____

4. 每个人都不可避免地要面对"选择与坚守"，而《红岩》中不少英雄人物因正确的"选择与坚守"而活成不朽的传奇。你能选择其中一位，并为之设计一份人物纪念卡吗？

英雄 纪念卡	英雄人物	
	所在监狱	
	肖　　像	
	典型情节	
	性格特点	
	人物评价	

71

第四部分　表现手法分析

　　"表现手法"是名著阅读考查中的一个重点，是整本书阅读要求中不可忽视的内容。面对《红岩》这部小说紧凑而富有张力的情节设计、生动而立体的人物形象塑造、简练而富有力感的小说语言、巧妙而合理的结构安排，我们细致梳理了小说中各种人物的描写手法。

　　在梳理过程中，我们分别围绕外貌描写、语言描写、正面描写、侧面描写等多个角度整理人物形象，把这些描写人物的精彩片段呈现在大家面前，让同学们遇到问题时能够从容应对。

一、小说线索思维导图

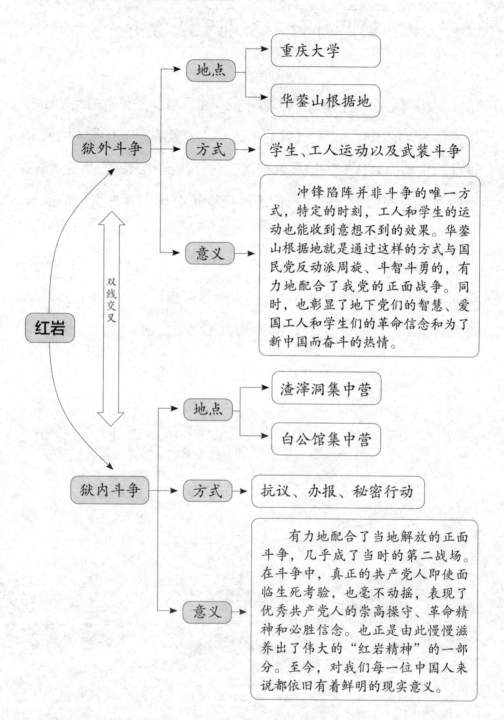

红岩

双线交叉

狱外斗争
- **地点**
  - 重庆大学
  - 华蓥山根据地
- **方式** → 学生、工人运动以及武装斗争
- **意义** → 冲锋陷阵并非斗争的唯一方式，特定的时刻，工人和学生的运动也能收到意想不到的效果。华蓥山根据地就是通过这样的方式与国民党反动派周旋、斗智斗勇的，有力地配合了我党的正面战争。同时，也彰显了地下党们的智慧、爱国工人和学生们的革命信念和为了新中国而奋斗的热情。

狱内斗争
- **地点**
  - 渣滓洞集中营
  - 白公馆集中营
- **方式** → 抗议、办报、秘密行动
- **意义** → 有力地配合了当地解放的正面斗争，几乎成了当时的第二战场。在斗争中，真正的共产党人即使面临生死考验，也毫不动摇，表现了优秀共产党人的崇高操守、革命精神和必胜信念。也正是由此慢慢滋养出了伟大的"红岩精神"的一部分。至今，对我们每一位中国人来说都依旧有着鲜明的现实意义。

二、精彩外貌描写鉴赏

人　物	外　貌	赏　析
江　姐	她摇晃了一下，终于站稳了。头朝后一扬，浸满血水的头发，披到肩后。人们看得见她的脸了。她的脸，毫无血色，白得像一张纸。她微微侧过头，用黯淡的、但是不可逼视的眼光，望了一下搀扶着她的特务。像被火烧了一下似的，她猛然用两臂甩开了特务，傲然地抬起头，迈动倔犟的双腿，歪歪倒倒向女牢走去。	文段的外貌描写聚焦于江姐受刑后的面色，既写出了她受刑的惨烈，也写出了她的骄傲和坚强。
许云峰	高高的前额上，深刻着几道皱纹，象征着性格的顽强。清瘦的脸膛上，除了一副旁若无人的、钢铁似的眼神而外，看不出丝毫动静。厚厚的嘴唇微闭着，阔大的嘴角上，带着一丝冷淡的嘲笑。	文段紧紧抓住他的额头、嘴唇进行描写，不仅传神地写出了他的外貌，也写出了他坚强自信、内心强大的特点。
成　岗	宽肩，方脸，丰满开阔的前额下，长着一双正直的眼睛。他是中等身材，穿一件黄皮夹克，蓝哔叽灯笼裤套在黑亮的半统皮靴里、领口围着紫红色围巾，衬托出脸上经常流露的深思的神情。	作者描写成岗，侧重于他的身材，同时又紧紧抓住他的眼睛，凸显他的正直。当然，也没有忽略他的穿着，体现他的整洁、利落、干练。

（续表）

人　物	外　貌	赏　析
华子良	一个疯疯癫癫的老头，无声无息地在院子里出现了。他的头发雪白，满脸花白的胡须又浓又密，像刺猬的箭毛一样遮住脸庞，只露出一对滞涩的眼睛。他糊里糊涂地沿着院坝，用一双枯黑的脚板，机械地神经质地独自跑步……也许，这个人就是老大哥说过的，那个老疯子？	文段运用比喻和夸张的修辞手法，通过对他的头发、胡须、脚板的描写，既写出了他的"疯癫"，也暗示了他的聪明机智、意志坚强——装疯不易，时刻要注意自己的状态——"疯"。
小萝卜头	黄以声身边，时常出现一个又瘦又小的孩子，孩子的身子特别细弱，却长了一个圆圆的头……孩子穿得破破烂烂的，长着一双聪明诱人的眼睛，不像是特务的小孩。每天，这孩子都带着书，晃着一个大脑袋，到黄以声房间里去。	文段聚焦于小萝卜头的大脑袋、瘦小的身子和穿着，既突出了他的营养不良，又写出了他生活的贫寒。

三、精彩语言描写鉴赏

人 物	语 言	赏 析
江 姐	不要用泪眼告别……美蒋反动派的屠杀，和一切垂死的挣扎，难道能够阻挡中国无产阶级的最后胜利吗？不，胜利属于我们，属于我们的党！	这段语言是江姐临行前对狱友们的劝慰，既写出了她的大义凛然、生死不惧、坚强不屈，也写出了她的革命乐观主义精神以及对狱友们的关心。文字的背后树立起她伟岸的革命形象。
许云峰	风卷残云般的革命浪潮，证明我个人的理想和全国人民的要求完全相同，我感到无穷的力量。人生自古谁无死？可是一个人的生命和无产阶级永葆青春的革命事业联系在一起，那是无上的光荣！	这段话既写出了许云峰坚强的革命意志和无私的献身精神，也写出了他对革命必胜的乐观主义精神，也表达了他对对手的蔑视。
刘思扬	我受谁利用？谁都利用不了我！信仰共产主义是我的自由！	这几句话既展现了刘思扬崇高的信仰和坚定的信念，也体现了他的对敌智慧。
成 瑶	妹妹的脸蛋气得失去了血色，她咬了咬嘴唇，冲着成岗，一口气说了下去："怪不得人家说你当了厂长就变了！你——胆小，你——害怕，你——不敢和过去的朋友来往！……"	这段话写出了成瑶对兄长的不理解以及内心的矛盾，也体现了成瑶的革命信念。

四、优美修辞片段鉴赏

修辞手法	例 句	赏 析
比喻	歌声，像一阵响亮的战鼓，击破禁锢世界的层层密云。歌声，像一片冲锋的号角，唤起人们战斗的激情。	这段话运用比喻修辞，鲜明地传达出一种昂扬向上、充满激情和必胜的信念，给人以鼓舞和力量。
对偶	是七尺男儿生能舍己，做千秋雄鬼死不还家。	这句话运用对偶修辞，平仄和谐，以昂扬的情感和铿锵的语调表现了革命烈士视死如归的高尚情怀，一字千钧，撼人心魄。
对比	旧社会把人变成鬼，新社会把鬼变成人！	这句话通过对比，以简洁的文字高度概括了旧社会与新社会的本质区别，让人清晰地认清了两种社会分别是怎样对待人民的。

五、精彩眼睛描写鉴赏

（一）小说对成瑶眼睛的描写所体现的人物性格特点

描写眼睛片段	人物性格特点
一双秀目，认真地看着他，等待回答。从那双认真的眼睛中……一双晶亮的眼睛珍珠般地闪耀着，好像她憧憬过多日的，那些未必能实现的美梦和幻想，都有可能如愿以偿似的。	表达了成瑶渴望和派到农村去的同学一样，去参加农民起义，参加武装斗争，到山上打游击，过那种充满浪漫色彩的战斗生活的愿望。

描写眼睛片段	人物性格特点
可是她那明朗的目光，仍然闪耀着倔犟的斗争的火焰，显出一种与众不同的敌对神情。	一双眼睛表现了她毫不掩饰自己的态度和立场，也为下文她在记者招待会上感情冲动，不能自抑，终于引起敌人的注意埋下伏笔。
一双大眼睛多么机灵！	成瑶的青春之美引起"中央社"记者玛丽的注意，激发了她对成瑶的兴趣。一个美得妖艳的女人内心泛起了嫉妒的酸意，也为下文纠缠成瑶做铺垫。

（二）小说对江姐眼睛的描写所体现的人物性格特点

描写眼睛片段	人物性格特点
江姐的目光，仍然是那样的温和，她仿佛已经察觉这位年轻同志的心情，却没有去妨碍他……	对江姐眼睛的描写表明她是善解人意的，当她用温和的目光看向成岗时，她就洞察了成岗的内心世界，这时的她是值得信赖的上级，也是知心的大姐。
她的目光，突然被第一行的姓名吸引住，一动不动地死盯在那意外的名字上……目光穿过雨雾，到底看清楚了那熟悉的脸型……江姐热泪盈眶……一阵又一阵头昏目眩……渐渐地，向前凝视的目光，终于代替了未曾涌流的泪水。	利用特写镜头描写了江姐眼睛的变化。江姐从布告上突然看到那个意外的名字时，"一动不动地死盯"表现了她看到丈夫的名字时内心的震惊与痛苦。

（三）小说对许云峰眼睛的描写所体现的人物性格特点

描写眼睛片段	人物性格特点
他的身体被折磨得衰弱不堪了。他脸色苍白，隆起的颧骨，在他的脸上，显得十分突出。比起当年的许云峰，他像变成了另一个人。可是，他的两只眼睛，仍然炯炯有神，带着永不熄灭的威力，直视着任何危险与威胁，毫无畏缩。	此处许云峰性格的坚强果敢、沉着冷静、大义凛然是通过隆起的颧骨、钢铁似的眼神表现出来的。

（四）小说对齐晓轩眼睛的描写所体现的人物性格特点

描写眼睛片段	人物性格特点
他衰弱无力地静坐在太阳底下，衣衫破旧，手、脚几乎只剩下几根骨头，面容那样苍白瘦削，目光也是冷峻、凝滞的，眼眶深深地陷落下去。他一动也不动，就像一座石雕的塑像……	此处的目光是"冷峻的""凝滞的"，是齐晓轩经历了多年狱中生活后，信念更加坚定、内心更加坚忍、骨头更加坚硬的表现。

（五）小说对李敬原眼睛的描写所体现的人物性格特点

描写眼睛片段	人物性格特点
老李，是个干练而深沉的人，略微近视的目光，藏在墨框眼镜里，什么也不让人看出。即使是稀有的感情流露，也只是眼角一笑即止，分外含蓄。	此处"眼镜"是道具，作者借助"眼镜"帮助人物掩护身份，掩饰情感变化。

六、人物形象对比分析

（一）正面人物对比

	成 岗	刘思扬
性格	相同：坚毅顽强、信仰忠贞。	
	不同：刚强、沉着、缜密。	不同：热情、浪漫。
经历	相同：被关白公馆，一起配合在白公馆展开斗争。都参与过《挺进报》的相关工作，二人被关押前是素未谋面的战友。	
	不同：与父母流亡四川，做过长江兵工总厂的职工，后走上革命道路，以工厂厂长的身份做掩护，负责《挺进报》印刷出版。	不同：出身于资产阶级家庭，兄长经商，后与家庭决裂走上革命道路，负责《挺进报》新闻材料收集。
斗争方式	相同：承受严刑拷打，坚贞不屈。在白公馆相互配合传递情报。	
	不同：威逼之下写下《我的"自白书"》，承受住"诚实注射剂"的考验。	不同：面对敌人的软化政策捍卫信仰，拆穿敌人假意释放的诡计，毅然与同志们并肩战斗。
结局	相同：英勇牺牲。	
	不同：与许云峰一起被敌人残忍处决。	不同：在最后的大逃亡中被敌人的子弹击中。

（二）正邪对立人物对比

示例1：

	许云峰	徐鹏飞
性格	沉着镇定、临危不乱、果断、勇敢、顽强。	凶残、狠毒、狡诈、好面子、自私虚伪、患得患失。但面对强大的共产党人，又体现出了内心的胆小。

	许云峰	徐鹏飞
思想	坚定的共产主义信仰，有着大无畏的无私奉献精神和舍己为人、舍生取义的高尚价值观。	揭示了国民党反动派的残暴本质和虚伪面目。他的存在表明了革命者与反动派之间不可调和的阶级矛盾和斗争的必然性。
斗争方式/手段	带领、鼓励同志们顽强抗争，建立狱中党组织，传递情报。被关押在白公馆的地窖后，用自己的双手为同志们挖逃生之路，为了让更多的同志获救，他宁愿自己牺牲也不从通道导逃脱。	善用心理战，抓住人的弱点，威逼利诱，严刑拷打。
第一次交锋	徐鹏飞审讯许云峰和成岗，想要以二人之间的革命情谊为突破口，找到《挺进报》的负责人。但是许云峰以大无畏的精神承担下了所有责任，保全了战友和组织。这一场交锋以徐鹏飞一无所获而告终。	
第二次交锋	徐鹏飞将要处决许云峰时，故意说出国民党反动派决定负隅顽抗、炸毁山城的行动。这是徐鹏飞的心理战，因为他的富贵梦已然"竹篮打水——一场空"，一无所获的他想要击溃许云峰的心理防线。这位让他恐惧的对手，被他处决能够让他挽回一些自尊，然而他最后的希望又破灭了。许云峰面对死亡没有丝毫畏惧，反而断言了反动派的末日，他的大义凛然和崇高的精神境界，是徐鹏飞望尘莫及的，死亡对于一个革命者是太无用的威胁。这一场交锋以许云峰的慷慨就义告终，留给徐鹏飞的是一个无可撼动的背影，以及注定失败的绝望。	

示例2：

	华子良	郑克昌
性格	坚强、忍辱负重，具有丰富的斗争智慧和斗争经验。坚韧不拔，执着地完成上级交给的任务。	阴险狡诈、善于伪装。
成长经历	曾是华蓥山武装纵队党委书记，有着丰富的武装斗争经验，经历了上级战友罗世文的牺牲，从此执行隐蔽任务，装疯潜伏。曾遭受酷刑，满口牙齿被拔光，为了最后的越狱日夜不停地练跑步。	徐鹏飞手下的特务，渴望立功，晋升仕途。三次打入地下党内部，第一次成功破坏了沙坪书店联络点，致使很多同志被捕，之后两次的打入均以失败告终。
斗争方式/伪装方式	上级罗世文牺牲后，装疯长期潜伏于白公馆，为狱中同志们传递情报。利用敌人的麻痹大意，他借外出买菜的机会与狱外的地下党取得联系，并利用送饭的机会与许云峰、成岗等人取得联系。这就使得狱内狱外联络线贯通，为最后的集体越狱奠定了坚实的基础。	三次伪装打入我党内部，第一次是用真名郑克昌，与黎纪纲一起接近沙坪书店并成功打入，导致了备用联络站的暴露，以及相关同志被叛徒出卖，使我党遭受了严重的损失。 第二次化名老朱，诱骗被假意释放的刘思扬，想要骗取情报，但被刘思扬识破。 第三次化名高邦晋，施展苦肉计打入渣滓洞监牢内部，妄图找到狱中党组织，但被余新江等人识破。

（续表）

	华子良	郑克昌
交锋情况	虽然二人从未有过正面交锋，但都是在隐蔽战线执行特殊任务，属于正邪两个对立面的暗战。但其斗争本质是不同的；华子良是为了同志与革命胜利而忍辱负重，是对自己的折磨，压抑着内心的巨大痛楚；郑克昌则是通过阴险的手段乔装打扮，骗取情报，但他的伎俩在共产党人的智慧面前是不值一提的。	

七、借正面描写分析人物形象

正面描写是小说塑造人物形象最常用的一种写作手法，就是把人物的状态直接具体地描写出来，包括外貌特征、人物行为、细节描写、典型语言、心理刻画，以及作者直接的评价。

以江雪琴这一人物形象为例，小说中对江姐的外貌描写主要出现在下面几处：第一处是江姐刚出场见到成岗时，写到她"衣着朴素，蓝旗袍剪裁得很合身"，体现出革命工作者的质朴以及严谨、得体。此后"蓝旗袍"的形象反复出现，与甫志高周旋时，江姐穿着那件蓝色旗袍，不慌不忙地套上一件红色绒线衣，从容而镇定。受刑时，"天蓝色的旗袍和那件红色的绒线衣，混合着斑斑的血迹"，英雄的鲜血衬在蓝色旗袍上面格外醒目，给人以视觉上的冲击，让读者不禁为英雄遭受酷刑而感到痛心疾首。狱中欢庆新年时，她仍旧穿着这身蓝旗袍、红绒线衣。就义前，江姐"换上了蓝色的旗袍，又披起那件红色的绒线衣"，并且将旗袍上的褶痕拉了拉，仍然是整洁而平静的样子。她就义前仍旧保持着庄重的风度，丝毫不畏惧即将到来的死亡。这时的"蓝旗袍"则成了一种象征，是江姐光明形象的象征。于是"蓝旗袍、红绒线衣"成了江姐的标志性着装，无论是样板戏还是后来的影视剧中，江姐的这一形象都深深扎根在读者的心中。

再说细节，江姐梳理头发的细节在小说中前后也有所照应，反复出现了几次。第一次是在目睹老彭牺牲时，"咬紧嘴唇……勉强整理了一下淋湿的头巾"，这时的她是在整理情绪，从悲痛中恢复理智，为了完成党交给的任务，她不能让个人情感占据心头，这一细节体现出她的坚忍。甫志高叛变后来抓捕江姐，江姐看穿了甫志高话语之间的漏洞，意识到了危险，她想要为华为争取时间，这时她"拿起梳子静静地重新梳理她的短发"，这一细节表现了她的沉着冷静，此时的她在积极地思考脱身的办法。另外一处是她就义时，"带着永恒的笑容，站起来，走到墙边，拿起梳子，在微光中，对着墙上的破镜，像平时一样从容地梳理她的头发。"狱友孙明霞充满痛楚地看着她梳妆，她为了减少战友情绪上的波澜，平静地问："明霞，你看我头上还有乱发吗？"即便是最后一刻也要将自己的头发整理得没有一根乱发，正是那种视死如归心境的写照。她的平静是一以贯之的，无论是面对叛徒时、受刑时还是即将就义时，"平静"地整理头发是对江姐最传神的刻画。一个内心足够强大的人，无论在何种情况下都能处变不惊，这一细节表现了她性格的坚毅，对信仰的坚定，以及作为一位共产党员的无惧无畏。

再如人物语言，江姐的语言特点鲜有长篇大论，都短促有力，这符合她沉稳冷静的性格。对比刘思扬的语言就会发现，人物的语言特点一定是符合人物性格与身份的。刘思扬是知识分子、理想主义者，是共产主义的坚定信仰者。在审讯时，他面对敌人对共产主义的质疑，能言善辩，有理有据，给予敌人强有力的回击。江姐则不同，她的话语里没有高深的理论，然而每一句都掷地有声。"上级的姓名、住址，我知道。下级的姓名、住址，我也知道……这些都是我们党的秘密，你们休想从我口里得到任何材料！""知道"就是对敌人最大的蔑视，"休想得到"是让敌人绝望的回击。"竹签子是竹做的，共产党员的意志是钢铁！"江姐受刑后给狱友们的回信，又让大家倍感振奋，竹签子与钢铁意志相比，实在是太微不足道了。"让五星红旗插遍祖国每一寸土地，也插进我们这座牢房。"江姐绣红旗时的语言，透着对新中国成立的无比欣喜，"五星红旗插进牢房"也是将光明照进牢房，这样的话语给狱友们带来了信念与希望。

心理活动则用于表现人物丰富的内心世界，是对人物形象的细腻刻画，江姐的心理刻画集中表现在目睹老彭牺牲这一情节上。当看到示众者的名字，确认了这一消息后，江姐的内心是万分痛苦的，想起与丈夫朝夕相伴的革命情谊，想起"共同战斗到天明"的约定，她内心的悲恸既来自痛失革命战友，也来自失去自己亲爱的丈夫。革命者的英雄性与人性交织在一起，这使得她的内心显得尤为复杂。英雄的伟大之处就在于他们更重大局与大义，于是她的痛苦渐渐化为仇恨。"她正全力控制着满怀悲愤，要把永世难忘的痛苦，深深地埋进心底……她深藏在心头的仇恨，比泪水更多，比痛苦更深。"这时的江姐在经过思想斗争之后强忍住悲痛去执行党的任务，行至一处偶然看见"前仆后继"四个字时，她的内心得到了巨大的启示，于是激起了"一种无限复杂而深厚的感情"。这种感情是高于个人情感的，英雄人物既是普通人，同时他们的思想境界更高于普通人，其原因就在于他们能够抛却个人情感，去追求更崇高的理想。

正面描写人物形象示例：

从许云峰的外貌描写上看，第一次出场，初见成岗："身材瘦长，面容清癯，额角上嵌着几条明显的皱纹，深沉的眼神里，充满热情和毅力。"检查联络站，见到陈松林："身材高大，前额开朗宽阔，从容地拂去蒙在额上的雨珠……刚强有力的嘴角微微动了动。"在就义前："他脸色苍白，隆起的颧骨，在他的脸上，显得十分突出……可是，他的两只眼睛，仍然炯炯有神，带着永不熄灭的威力，直视着任何危险与威胁，毫无畏缩。"许云峰的每次出场都重复刻画了他的高大和清瘦，强化了许云峰在读者心中的高大形象，是英雄人物该有的魁梧，暗示他的精神如身材一样伟岸。"瘦"从侧面反映出他为革命事业不辞劳苦，甚至不顾及个人健康。最后一次出场时，在敌人的折磨下他显得病态疲惫，而愈发清瘦。但强调了他眼中的神采和坚毅，与病容形成鲜明对比，许云峰那永远有力量、永远不会退缩的高大形象也永不会磨灭。

从细节描写上看，许云峰检查沙坪书店的情况，与陈松林谈话，通过几句话的细节就判断出郑克昌可能是特务，充分体现了他作为革命者的警觉性。许云峰与李敬原见面，在特务的重重包围之下，许云峰"丢开报纸，从拥挤不堪的人丛中站起来，仿佛一点也没有发现危险似的，缓步向甫志高走去"。此处动作描写生动、有画面感，面对复杂的斗争情形，许云峰始终是从容不迫的，这表现了他作为一名革命者稳重、坚毅的内在气质。

面对徐鹏飞设下的"鸿门宴"，许云峰"炯炯的目光，泰然自若地扫视了一下笑脸相向的满座'陪客'""许云峰巍然不动，端坐在宴席上无动于衷"。一身正气是他最显著的内在气质，无论是面对敌人的审讯或者所谓的酒宴，他总是昂然挺立，绝不屈服。这时他作为共产党员所拥有的崇高信仰，所迸发出的一种凛然风骨，让反动派不可直视的气度，令人肃然起敬。

再有，许云峰的经典语言"拷打得不到的东西，刑场上同样得不到"，"雨过天晴，山城必将完整地归还人民"，都彰显了他坚毅的英雄气概和对胜利坚定不移的信念。

宣传海报示例：

许云峰

他，松柏一般坚韧，
是地牢中擎起的鲜明旗帜，
是穿透乌云的阳光，
是光明的指引。

八、借侧面描写分析人物形象

侧面描写是指在文学创作中，作者通过对周围人物或环境的描绘来表现所要描写的对象，属于间接刻画。侧面描写与正面描写的作用比起来，它往往能收到意想不到的艺术效果，对人物形象的表现在某些情况下更具力度。

例如小说结局部分，刘思扬等人在老齐的带领下利用许云峰挖掘的隧道逃生，作者通过刘思扬的视角对隧道内的情况进行了描述："灯光闪照出无数指甲挖过的痕迹，有些地方还留下斑斑点点滴血的指印。血的指印因为历时过久，已经变成淡淡的灰褐色，可是在雪白的石灰上，仍然看得十分清楚。"此外对隧道的描写也从侧面衬托了老许忍受痛楚、赤手空拳为同志们挖出一条生路的艰辛。这对于表现许云峰舍己为人、舍生取义的崇高精神品质更具震撼力。

再如写潜伏中的华子良，作者没有直接写他是如何骗过敌人的，而是从成岗等人对他的看法着手。一出场的时候，成岗便表现出了对华子良的厌恶，在同志们的眼中，华子良是个"疯癫胆怯而又衰迈的可怜虫"，几声枪响他就吓疯了。对于他的身份，成岗与齐晓轩有这样一段对话：

"我们观察了几年……"齐晓轩谨慎地深思着，"没有发现他有什么异常的表现。"

"他被捕前是否是党员？"

"查不出来……"

连齐晓轩、成岗这样有丰富斗争经验的党员都没能看出华子良的伪装，那他能骗过敌人长期潜伏则在情理之中了。由此可见他的智慧与坚毅。当其身份揭开后，他的人格魅力便又加深了一层。

思考探究 //

1.在白公馆，面对徐鹏飞给出的选择，成岗朗诵了《我的"自白书"》。结合诗歌内容，完成以下问题：

我的"自白书"

任脚下响着沉重的铁镣，

任你把皮鞭举得高高，

我不需要什么"自白"，

哪怕胸口对着带血的刺刀！

人，不能低下高贵的头，

只有怕死鬼才乞求"自由"。

毒刑拷打算得了什么？

死亡也无法叫我开口！

对着死亡我放声大笑，

魔鬼的宫殿在笑声中动摇。

这就是我——一个共产党员的"自白"，

高唱凯歌埋葬蒋家王朝！

请结合上面的诗歌推断成岗朗读的时候的情绪，并说说你做出以上推断的理由。

A.淡然闲适　　　　　B.慷慨激昂

C.寂寞伤感　　　　D.轻松欢快

（1）我的推断是：_____

_____

（2）推断理由是：_____

_____

_____

_____

2.请你根据阅读《红岩》的印象，判断下列句子中的语言描写、动作描写和外貌描写写的是谁。请你写出他们的名字。

（1）毒刑拷打是太小的考验！竹签子是竹做的，共产党员的意志是钢铁！　　　　　　　　　　　　　　（　　　　　）

（2）在他九岁生日那天，黄将军送了一盒水彩颜料给孩子。此后，他的练习本，变得花花绿绿的涂满了各种颜色。（　　　　　）

（3）外表为瘦高个，戴一副近视眼镜，文质彬彬，一副道貌岸然知识分子模样。实质为叛变革命，出卖同志的嘴脸。

（　　　　　）

3.读完了《红岩》请试着选取你心中的绝佳角度，为你的读书笔记拟一个精彩题目。下面是一些示例，你可以借鉴，也可以自出心裁，不走寻常路。

（1）着眼人物线索：《小萝卜头——今天的幸福生活也属于你》《天生的叛逆者》。

（2）着眼物件线索：《红梅赞》《渣滓洞里有五星红旗》。

（3）着眼事件线索：《胜利大逃亡》《黎明前的越狱》。

（4）着眼感受线索：《深深的感激与崇敬》《感受过去，珍惜现在》。

（5）着眼主题线索：《正义与背叛》《血脉中流淌的忠贞》。

我的读书笔记题目是：_____

_____

第五部分　实践探究

　　目前的新课标，提倡跨学科阅读，提倡任务驱动下的整本书阅读。为此，我们提供了大量结合《红岩》开展的实践活动文本供同学们阅读。

　　我们希望借助朗诵、讨论抒发自己对英雄的景仰之情，用课本剧、解说词去诠释我们对英雄人物的理解与体会，用对比阅读、读法研讨等形式去透彻把握《红岩》的思想脉络。

一、举行"青春诗会——'红岩精神'励我心"展演

诗会分为五个篇章，结合自己学习过程中对"红岩精神"的探究，将"红岩精神"以诗会的形式展现出来。

《"红岩精神"篇章一：崇高的思想境界 —— 竹签滴血（江姐）》

看！江姐出来了！

面对生的许诺，

她不回答，

面对严刑，

她不说话，

竹签，血淋淋地刺入指尖，

她咬紧钢牙，

昏过去，

醒过来，

她心中只有一个声音：

为人进出的门紧锁着，

为狗爬出的洞敞开着，

一个声音高叫着：

爬出来吧，给你自由！

我渴望自由，

但我深深地知道，

人的身躯，

怎能从狗洞子里爬出？……

蓬乱的头发，遮盖着她的脸，

天蓝色的旗袍，

红色的绒线衣，

混合着斑斑的血迹……

她用微笑回答，

她用不屑回答，

她用意志回答，

热铁烙在胸脯上，

凉水灌进鼻孔，

电流通过全身，

人的意志呀，

在地狱的烈火中升华。

像金子一般纯，

像金子一般坚。

可以使皮肉烧焦，

可以使筋骨折断。

铁的棍子，

木的杠子，

撬不开紧咬着的嘴唇。

那是千百个战士的安全线呵！

用剌刀来切剖胸腹吧，

挖出来的——也只有又热又红的心呀！

《"红岩精神"篇章二：坚定的理想信念——虚假的盛宴（许云峰）》

富丽堂皇的餐厅里，

走来妖娆的金发女郎，

特务举起的酒杯，

在镁光灯下泛着凛冽寒光，

敌人嘴角的笑意，

是虚伪的手枪，

他们瞅准了时机，

打算将不堪的流言，

散播在革命战士的身上。

这样卑鄙的手段，

旨在制造混乱。

许云峰的心里

有着坚定的理想信念，

我们是天生的叛逆者！

我们要把颠倒的乾坤扭转，

我们要把不合理的世界打翻！

今天，我们坐牢了，

坐牢又有什么稀罕？

为了免除下一代的苦难，

我们愿——

愿把这牢底坐穿！

你是灯塔，

照耀着黎明前的海洋。

你是舵手，

掌握着航行的方向。

勇敢的中国共产党——

你就是核心，

你就是方向！

《"红岩精神"篇章三：巨大的人格力量——被释放与被逮捕（刘思扬）》

"我不稀罕这种自由，马上送我回渣滓洞去！"

胜利的花朵，

在烈士的血泊中蓬勃绽放。

去年今日——

满天乌云弥漫在祖国天空，

今年今日呀，

人民的军队早已飞渡黄河，

扫荡着敌人的残兵败将。

不用等到明年的今天，

解放的红旗呀，

将飘扬在中国的每一寸土地，

飘扬在你的墓前，

飘扬在这黑牢的门口！

后代的人们，

将从不朽的烈士碑上，

记着你光荣庄严的名字：

中国共产党党员！

《"红岩精神"篇章四：浩然的革命正气——绣红旗（英雄群像）》

1949 年 10 月 1 日，毛主席在北京向全世界宣告，中华人民共和国成立了！

同志们，我们的国家成立了！

中国人民站起来了！

全世界劳动人民欢欣鼓舞，新中国屹立在世界的东方。

江姐，我们也有一面红旗呀！

把红旗拿出来，马上做成五星红旗。

我这里有针、有线。

五星红旗！五颗星绣在哪里？

一颗金星绣在中央，

光芒四射，

象征着党。

四颗小星摆在四方，

祖国大地，

一片光明，一齐解放！

《"红岩精神"篇章五："红岩精神"我传承》

当粗长的竹签插入手指，

当沉重的镣铐锁上四肢，

当刺目的鲜血顺流而下，

当紧闭的嘴唇溃烂发紫，

是什么在支撑着你们，

亲爱的江姐、许云峰、刘思扬、小萝卜头……

是崇高的思想境界，

是坚定的理想信念，

是巨大的人格力量，

是浩然的革命正气！

（同学们可以根据所学，进行原创诗句的补充）

二、学编课本剧

任选《红岩》中的故事情节展开剧本创作，注意从人物台词、动作设计、心理活动、矛盾冲突、舞台背景等几个方面精心编写，用语言文字深刻感知人物精神和现实意义。

示例：

成岗：（手戴镣铐，衣服上血迹斑斑，斜坐于地面，左手倚地）

徐鹏飞：（拍桌，怒状）我再问你一遍，到底谁是你的领导？

成岗：（努力站起）谁是我的领导？（双手前举）当然是党中央，毛主席！

徐鹏飞：（怒）你……（口气转，抽烟，冷言）其实，你的事情，甫志高已经全部告诉我了，他比你识时务。现在，有两条路任你选择：要么悔过自新，要么长期监禁！

成岗：悔过自新，我没有那么卑鄙无耻。我情愿坐牢，坐到你们灭亡那天为止。

徐鹏飞：好好好，这样，我以个人的名誉保证，只要你写自白书，我立刻释放你。

成岗：（不屑地笑）共产党人从来就不怕讲明自己的观点，写就写！

徐鹏飞：（高兴状，递笔）

成岗：（奋笔疾书，写完把笔扔于地面，捧起纸，朗诵）听着，这就是我的"自白书"。

任脚下响着沉重的铁镣，

朗诵组齐：（配乐）

任你把皮鞭举得高高，我不需要什么"自白"，哪怕胸口对着带血的刺刀！

人，不能低下高贵的头，只有怕死鬼才乞求"自由"；

毒刑拷打算得了什么？死亡也无法叫我开口！

对着死亡我放声大笑，魔鬼的宫殿在笑声中动摇。

这就是我——一个共产党员的"自白"，

高唱凯歌埋葬蒋家王朝！

徐鹏飞：（扔烟，叫嚷）住口！

三、学写解说词

小说中的矛盾冲突设计丰富多样，既有个人与个人之间的斗争，也有集体与集体之间的较量。这些矛盾冲突不仅推动了故事的发展，也深刻地揭示了当时社会的现实状况。在截取的时候可以选择一个章节也可以选择一个章节中的某一个片段。请你选择你认为最强烈的矛盾冲突，最打动你的章节或情节片段，并仿照示例撰写所选片段的选取理由及解说词。

示例：

选取片段： 在那斑斑血迹的墙壁上映着的江姐的身影消失了。大概她从倒吊着的屋梁上，被松了下来……

铁锤高高举起。墙壁上映出沉重的黑色阴影。

"钉！"

人们仿佛看见绳子紧紧绑着她的双手，一根竹签对准她的指尖……血水飞溅……

"说不说？"

没有回答。

"不说？拔出来！再钉！"

江姐没有声音了。人们感到连心的痛苦，像竹签钉在每一个人心上……

又是一阵令人心悸的泼水的声音！

"把她泼醒！再钉！"

……

一根，两根！……竹签深深地撕裂着血肉……左手，右手，两只手钉满了粗长的竹签……

一阵，又一阵泼水的声音……

已听不见徐鹏飞的咆哮。可是，也听不到江姐一丝丝呻吟。

解说词：渣滓洞的深夜，江姐挨过了一轮又一轮的拷打，敌人却未曾从她的嘴里听到任何想听到的话。敌人将竹签钉进了江姐的手指，十指连心，江姐还是不发一言。这个夜，是江姐与特务斗争的夜，是共产党与国民党较量的夜，也是战友之间彼此陪伴、将革命信仰深种于心的夜。天亮时，敌人把江姐送回了牢房，敌人会就此罢休吗？江姐还将经历什么样的考验？

选择理由：这个片段是大家耳熟能详的故事。江姐为了守护共产党的秘密，保护组织及战友，经历了竹签钉入十指的剧痛也不曾吐露半分。江姐的淡然与徐鹏飞的咆哮形成强烈的对比。江姐在国家利益和个人利益面前毫不犹豫地选择了国家，与前面甫志高的叛变形成了强烈的反差。各章节之间衔接自然，前后照应，情节设计严谨又富有逻辑性。既有集体与集体之间的较量，也有个人与个人之间的斗争。

四、与英雄人物对话

读完《红岩》这本书，我们不免为江姐、许云峰等英雄人物在革命即将胜利的时候壮烈牺牲心生惋惜。假如你有机会与江姐、许云峰等人对话，你想要和她／他说些什么？请你结合小说内容，发挥想象进行创作。

示例：

在一个宁静的夜晚，我翻阅着那本熟悉而又沉重的《红岩》，心中不禁泛起层层涟漪。突然，书中仿佛有一股神秘的力量在涌动，一道光芒闪过，我惊讶地发现，书中的英雄人物——江姐，竟然穿越时空，来到了我的面前。

江姐身着那身标志性的旗袍，眼中闪烁着坚定的光芒。她看着我，仿佛能看穿我内心的所有想法。我深吸一口气，努力平复内心的激动，向她致以最崇高的敬意。

"江姐，您好！我是来自未来的读者，你手上的伤好些了吗？如果敌人要求转移你去白公馆，你一定要想办法拒绝。"我关切地说道，试图阻止这场悲剧的发生。

江姐微笑着点了点头："好多了，谢谢你，小朋友。"她的目光中透露出一种温暖而坚定的力量。她缓缓开口，仿佛对于这样的结局并不感到意外："共产党员对于任何情况都是能够坦然接受、从容面对的，这是我们早在入党之时就已经做好的准备，说说未来吧，我们的革命胜利后，人民的生活是不是像我们想象的那样变得更美好了？"

我听着江姐的话，心中充满了敬意和感慨。我迫不及待地与她分享现在的生活："江姐，我们现在从首都去往重庆不用再坐船坐车跋山涉水了。飞机可以飞到很多城市，家家几乎都有了小汽车代步。饮水机里的水干净清甜，不用像龙光华躲避特务为同志们找水，您尝尝。还有您关心的问题，我们每个小孩都能够免费接受教育，不会再有读不起书的情况。"

江姐听后，脸上露出了欣慰的笑容。她接着说道："这样我就放心了，同志们就更加充满力量了。我们所做的一切都是有意义的，相信我的孩子也能像你一样无忧无虑。时代在变，我们的初心和使命永远不能变，你们要继续为国家的繁荣富强和人民的幸福安康努力奋斗。"

我郑重地点了点头，心中充满了责任感和使命感。我告诉江姐："请您放心，我们一定会牢记历史，珍惜来之不易的幸福生活。我们会用自己的实际行动向你们证明，您和革命先辈的奋斗的价值，也证明我们一代人有一代人的担当。"

江姐听后，满意地点了点头。她微笑地看着我，仿佛透过我看到了一代又一代人美好的未来。突然，一阵光芒闪过，江姐的身影渐渐消失在我的眼前。我知道，她又要回到那个充满硝烟的时代去了。

我默默地合上书本，心中充满了感慨和敬意。与江姐的这次跨越时空的对话，让我更加深刻地理解了什么是信念和奉献。我会将这次对话铭记在心，让它成为我人生道路上的一盏明灯，指引我不断前行。

五、同类名著比较阅读

（一）《红岩》与《红星照耀中国》《钢铁是怎样炼成的》对比阅读

八年级（1）班的同学对《红岩》《红星照耀中国》《钢铁是怎样炼成的》三部名著进行比较阅读，并展开讨论。以下是小任和小达同学的对话，请你补全对话内容。

小任：三部名著，单看书名就很有意思。《红星照耀中国》这个书名表达的是斯诺的一个预言——共产党及其领导的革命犹如一颗闪亮的红星，不仅照耀着中国西北，也必将照耀全中国；《钢铁是怎样炼成的》这个书名表达的是（1）＿＿＿＿＿＿＿＿＿＿＿；《红岩》这个书名表达的是（2）＿＿＿＿＿＿＿＿＿＿。

小达：是的。同为小说，在人物形象上，《钢铁是怎样炼成的》塑造了保尔·柯察金这一无产阶级英雄形象；而《红星照耀中国》作为纪实作品，描述了（3）＿＿＿＿＿＿＿＿＿＿＿；《红岩》作为经典红色文学作品，塑造了（4）＿＿＿＿＿＿＿＿＿＿。

小任：三部作品都反映了社会现实。斯诺笔下的人物在时代洪流中坚守革命信仰，在困境中探索中国革命的出路；保尔无论经历怎样的磨难，始终坚定信念，不向命运屈服；江姐在监狱中听到新中国成立的消息，组织同志们绣五星红旗，坚信胜利的曙光终将到来。这些都说明了一个道理：（5）＿＿＿＿＿＿＿＿＿＿。

示例：

（1）主人公保尔是在斗争中、在艰难的考验中成长的

钢是在烈火与骤冷中铸造而成的。只有这样它才能坚硬，什么都不惧怕。主人公保尔也是在斗争中、在艰苦的考验中锻炼出来的，并且学会了在生活面前不颓废。

我们也可以结合保尔的成长经历探究书名含义。故事中的主人公保尔当过童工，从就小在社会最底层饱受折磨和侮辱，其后在人生经历中，无论是战场上的搏杀、感情上的波折，还是工作上的磨难，都使他更加勇敢和坚强，面对伤病，决不低头，以笔为枪，继续战斗。从保尔的精神品质看，小说中有这样一句话"钢铁是在烈火和骤冷中炼成的"。钢在烈火中反复煅烧，冷却后形成，坚固而有韧度。保尔·柯察金具有钢铁般的意志，不怕一切困难，最终成长

为一位拥有钢铁般意志的共产主义战士。

（2）革命者面对困难和挑战时所展现出的英勇无畏和顽强拼搏的精神

"红岩"二字直接描述了书中故事发生的一个重要地点——渣滓洞集中营。这个集中营位于重庆歌乐山下，因其岩石呈红色而得名"红岩"。在这里，无数的共产党员和革命志士遭受了敌人的残酷迫害，但他们依然坚守信仰，不屈不挠。因此，首先，"红岩"二字象征着革命者坚不可摧的意志和信念。其次，"红岩"还蕴含着更深层次的象征意义。红色在中国文化中代表着热情、勇敢和革命，而岩石则象征着坚硬、稳固和不可动摇。作者用"红岩"作为书名，旨在通过这个象征性的词语，表达革命者的赤诚之心和坚定信念。他们如同红色的岩石一般，无论遭受多少磨难和考验，都始终保持着对革命的忠诚和执着。最后，"红岩"还寓意着革命者面对困难和挑战时所展现出的英勇无畏和顽强拼搏的精神。在书中，无论是许云峰、江姐，还是成岗、刘思扬，他们都用自己的实际行动诠释了"红岩精神"。他们在敌人的严刑拷打和残酷迫害下，依然保持着坚定的信念和顽强的斗志，为了革命的胜利不惜付出一切代价。

（3）毛泽东、周恩来等无产阶级革命家的形象

《红星照耀中国》又名《西行漫记》，是美国记者埃德加·斯诺所著的纪实文学作品，作品真实记录了作者自1936年6月至10月在中国西北革命根据地（以延安为中心的陕甘宁边区）进行实地采访的所见所闻，向全世界真实地报道了中国共产党和中国工农红军以及许多红军将领的情况。毛泽东和周恩来是斯诺笔下最具代表性

的人物形象。

（4）江姐、许云峰、成岗等英勇的革命战士形象

《红岩》以"中美合作所"集中营（包括渣滓洞和白公馆）内的敌我斗争为中心，集中描写了革命者江姐、成岗、许云峰等革命战士为迎接解放、挫败敌人的垂死挣扎而进行的最后决战，歌颂了革命者在酷刑考验下的坚贞节操和顽强奋斗的伟大品格。

（5）个人主义奋斗的道路是走不通的，只有把个人理想与社会需要相结合，才能找到出路。无论面对怎样的苦难与挫折，都要坚定信念，不屈不挠，用钢铁般的意志去战胜它

《钢铁是怎样炼成的》主人公保尔当过童工，从小就在社会最底层饱受折磨和侮辱。后来在朱赫来的影响下，逐步走上革命道路。其后他经历了一系列的人生挑战，使自己越来越坚强。即使伤病无情地夺走他的健康，他仍不向命运屈服，而是以顽强的毅力进行写作，以另一种方式实践着自己的生命誓言。保尔具有为理想献身的精神、钢铁般的意志和顽强奋斗的高贵品质。

《红星照耀中国》是一部文笔优美的纪实性很强的报道性作品。斯诺笔下的人物在时代洪流中坚守革命信仰，在困境中探索中国革命的出路。革命之所以能够取得胜利，是因为：无产阶级革命者把广大人民的根本利益看得高于一切，他们有坚定的革命理想和信念，坚信正义事业必将胜利的精神；为了救国救民不怕任何艰难险阻，不惜付出一切的精神；坚持独立自主、实事求是、一切从实际出发的精神；顾全大局、严守纪律、紧密团结的精神；紧紧依靠人民群众，同人民群众生死相依，患难与共、艰苦奋斗的精神。

（二）《红岩》与《青春之歌》对比阅读

课外阅读《青春之歌》，将《红岩》与《青春之歌》进行比较，并完成下面的读书卡片。

《红岩》《青春之歌》读书卡		
	《红岩》	《青春之歌》
你印象深刻的正面（反面）人物有哪些？		
请你梳理有关他（她）们的情节。		
他（她）们身上具有什么精神品质？		
以上人物有没有异同点？		

示例1：

《红岩》《青春之歌》读书卡		
	《红岩》	《青春之歌》
你印象深刻的正面人物有哪些？	江姐	林道静
请你梳理有关她们的情节。	江姐一开始领导成岗，负责《挺进报》的印刷和发行。在华蓥山，她亲眼看到自己丈夫的头颅被悬挂在城墙之上，但为了心中	林道静在定县农村教书时目睹了地主阶级对农民的剥削，参加了麦收斗争，这让她看到了地主阶级对农民的压迫，实现了思想的第一次进步。林道静

《红岩》《青春之歌》读书卡		
	《红岩》	《青春之歌》
请你梳理有关她的情节。	信念，她化悲痛为力量，继续在华蓥山和双枪老太婆一起战斗。后来因叛徒出卖被捕后，她坚决不泄露党的秘密，即使被竹签扎手，身体受尽折磨，她依旧坚定信念。在得知新中国成立后，她带领女牢里的同志们，共同绣了一面五星红旗，以表达自己坚定的共产主义信仰。	在共产党员卢嘉川的启发下，开始阅读革命书籍，参加进步活动，毅然参与了"三一八"游行。林道静因轻信叛徒戴愉而被捕，她在狱中坚强不屈，拒绝了敌人的利诱，并在狱中结识了郑瑾（林红），受到了她的鼓舞。经历了一系列的考验和斗争后，林道静最终被批准加入中国共产党，并化名路芳到北大做学生工作，组织爱国学生进行斗争。
她身上具有什么精神品质?	坚忍不拔、无私无畏、宁死不屈、政治信仰坚定、善处逆境而宁难不苟。	林道静起初是一个接受了五四新思想的小资产阶级知识分子，她既有对黑暗势力和不合理社会的决绝抗争，也有对有意义生活和人生的执着追求，后期她成为一名坚定的无产阶级战士，坚定、果敢、执着、有勇气。
以上人物有没有异同点?	江姐和林道静都是革命题材小说中的女性形象。她们身上都有女性特有的韧性，江姐像知心姐姐一样开导着牢狱中的孙明霞；林道静则是受卢嘉川、林红等共产党人的影响，逐步成长为坚强的女性。但二者又有不同。江姐是成熟的革命战士，在危难面前她能迅速应对，甚至看到丈夫的头颅也能继续投入战斗，不受个人情感左右；林道静则相对柔弱，一开始依靠余永泽，后来信任卢嘉川，她在逐渐成长，慢慢走向成熟的。	

示例2：

《红岩》《青春之歌》读书卡		
	《红岩》	《青春之歌》
你印象深刻的反面人物有哪些？	甫志高	余永泽
请你梳理有关他的情节。	甫志高在书店执行任务时，不听从党的指挥，甚至自作主张扩大书店规模，接受不明身份的人员，导致书店暴露，自己也陷入危机。 　　在危险来临之时，他不听从许云峰的指挥，擅自回家看望妻子，甚至还给妻子买了辣牛肉，最终被捕。 　　被特务抓捕后，他很快叛变，不仅出卖了党的全部秘密，甚至还亲自指认许云峰、江姐等人，	余永泽有着强烈的男权主义思想。他让林道静替自己做饭、搜集材料，让林道静没事学学烹调、缝纫。他希望林道静做一个家庭主妇，成为他单调生活的一份调味品。 余永泽追求的仅仅是循规蹈矩地过安稳日子，他对国家大事漠不关心，劝诫林道静不要参加革命，认为革命只是政府的事，与他们无关。而当林道静劝他一同参加"三一八"纪念游行时，他担忧的是"天有不测风云，谁知道哪一块云彩下雨……"当林道静满怀热情参加"三一八"纪念游行时，余永泽在图书馆里读着"圣贤书"，当他冲到操场想要拯救林道静时，却看到"警察和学生们厮打成一团，呼喊、怒骂、闪亮的刺刀、舞动的木棒、飞来飞去的石块和躺在血泊中的人影……这些可怕的情景把他吓呆了"，当他有些愧疚想再去拯救林道静时，却恍然意识到"不能乱来"。一颗子弹从他头上飞过，也要反复确认自己有没有受伤，之后又窜回了图书馆，回家时连操场也没

（续表）

《红岩》《青春之歌》读书卡		
	《红岩》	《青春之歌》
请你梳理有关他的情节。	给党造成了重大损失，也直接导致了许云峰、江姐等人的牺牲。	敢望一眼。与林道静分手后，余永泽挽着妖艳的女人行走在街上，似乎是在炫耀。他带着看热闹的心态观看林道静游行，欣赏林道静"青肿的嘴脸和鼻孔流出的鲜血"，并显示出幸灾乐祸的面容。余永泽在堕落，他越发崇尚个人主义。
他身上具有什么精神品质？	个人主义倾向严重、软弱、自负。	具有强烈的自我意识，软弱无能、自私自利、逐渐堕落、崇尚个人主义。
以上人物有没有异同点？	甫志高和余永泽都是精致的利己主义者。在他们的概念里，自己才是最重要的。尽管他们生逢乱世，都是堂堂七尺男儿，但依旧不影响他们只顾自己。甫志高自负，他不相信许云峰的判断，坚信自己是正确的，导致自己落入特务手中；余永泽也自负，他希望把林道静变成家庭主妇，最后导致两人渐行渐远。甫志高软弱，特务甚至没有用刑，他就将党的秘密全盘托出，给地下工作造成了严重的损失；余永泽也软弱，面对危险，他甚至不敢排除万难拯救自己的妻子林道静，最终只能在精神上自我安慰。这两个人物都体现了个人主义思想下人的堕落。	

六、举行"青春之问"讨论会

设置"青春之问"论坛，展示同学们提出的问题，并鼓励同伴间探讨阅读收获，梳理解答这些问题。

"**青春之问**" 1：刘思扬的二哥曾经设法解救他，但却被刘思扬拒绝了。刘思扬是不是不够灵活呢？

"**青春之问**" 2：阅读《红岩》时，我们看到的更多的是英雄气概，他们的身上是否有儿女柔情呢？

"**青春之问**" 3：在当代生活中，我们应该如何传承和弘扬"红岩精神"呢？

"**青春之问**" 4：如果有一个机会可以让你与红岩英雄面对面交流，你想对他们说些什么呢？

同学们从各个角度提出了"青春之问"，这些问题，有的在阅读过程中自然而然就明晰了，也有的问题需要更为深入地阅读文本才能找到答案。经过师生的充分讨论，我们从同学们提出的问题中精选了以上四个，利用阅读课的时候，师生再读文本，进一步探究。

同学们可以以小组的形式，从以上四个问题中选择一个，以沙龙的形式进行讨论探究。

"青春之问" 1： ///

刘思扬的二哥曾经设法解救他，但却被刘思扬拒绝了。刘思扬是不是不够灵活呢？

师生探究示例：

刘思扬不是不灵活，他的选择源自他崇高的思想境界和坚定的革命信仰。他知道前进的道路上充满了考验与磨砺，因此，为了换得新中国的光明，他愿意忍受敌人的酷刑拷打，也愿意和同志们一起，即使付出生命的代价也在所不惜。在尖锐的斗争中，他不仅经受了绝食的考验，而且初次戴上了重铐，他为此自豪，对斗争的结局充满了必胜的信念。

他坚定地忠诚于中国共产党，即使眼前遭遇磨难，他也坚信自己的信仰是正确的，前景是光明的。同时，他甘于奉献，敢于牺牲。"……为了免除下一代的苦难，我们愿——愿把这牢底坐穿！"

在敌人要将他释放时，他早看穿了他们的丑恶嘴脸。他的心被敌人的无耻伎俩激起的怒火充塞着，他决不承认敌人用暴行造成的这种绑架式的"释放"。他料想到，明天早上，报纸上一定会出现释放"政治犯"的消息，说什么释放了共产党员刘思扬，把他的名字作为敌人欺骗人民的工具。他同时也怀疑，如果敌人一方面公开"释放"他，另一方面，又秘密地派遣特务跟踪他，那么，他走到哪里，就会把危险以及敌人的注意力引到哪里。难道狡猾的敌人不会利用他急于找党的心情，布置更大的阴谋吗？敌人一定会这样做的！

刘思扬很清楚地看到了敌人这样做的目的，他对党有着绝对的忠诚，他宁愿牺牲自己，也不希望给党和组织带来一丝麻烦。因此，当他的二哥试图将他从牢狱中解救出来时，他表现出了坚定的革命信仰和大义凛然的精神气节。他没有被亲情所裹挟而违背自己的选择，更没有被敌人的假情假意欺骗，他是一个有着坚定理想并知行合一的共产党员，是一位令人肃然起敬的"红岩"英雄。

"青春之问"2： ////////////////////////

阅读《红岩》时，我们看到的更多是英雄气概，他们的身上是否有儿女柔情呢？

师生探究示例：

红岩英雄人物的身上既有英雄气概，也有儿女柔情。小说在塑造人物形象时，更多地聚焦在人物的英雄气概方面，但在许多场景之中，也有对儿女柔情的刻画。

小说中江姐与成岗的谈话体现出了江姐温情柔软的一面，江姐与成岗聊到了个人问题，成岗也说出了自己的顾虑，"从道理上，我知道恋爱并不妨碍工作，还会互相鼓舞斗争的勇气和热情。可是我看见一些人，因为恋爱、结婚，很快就掉进庸俗窄小的'家庭'中去了。一点可怜的'温暖'和'幸福'，轻易地代替了革命和理想……"江姐回应了成岗的话，"你的话有点道理，在这动荡多变的时代，确有一些人为了个人眼前的'幸福'而抛弃了崇高的理想。不过，你的话也不全对，许多革命领袖，马克思，列宁……你知道，马克思和他的夫人燕妮，感情多么深厚，而他们相互间的帮助，又是那么的大呀……我是女同志，我有个可爱的孩子，他并没有妨碍我的工作"。

小说中成岗被捕的场景，动人心魄，令人久久不能平静。敌人突然到来，包围了工厂，母亲在门外大声地提醒着他："成岗不在家，钥匙他带走了！"后来敌人抓住了成岗，守在门边的白发苍苍的母亲，突然扑上来，抱住成岗，指着特务怒骂着："你们先杀死我吧，我儿子不能给你们糟蹋！"特务拖着成岗，母亲用劲地抓着成岗，没有松手。她不能眼看着自己的儿子让匪徒抓走，她泪如泉涌，伤心地哭出声来："是死是活，我们母子都在一起！"几个特务茫然地望着成岗和他的母亲。"岗儿，你等着，我去拿点换洗衣服，一道走！"妈妈激动地说："这一去，不是一天两天……要受罪，妈和你一起受！"在离别的关头，成岗贪婪地望着母亲的身影，直到她转进房间。他在心里喊了一句："再见了，妈妈！"

小说写了元旦早上的场景，每间牢房，每个人都准备着礼物，送给认识的或者不认识的战友。作为联欢的纪念品，最多的礼物是"贺年片"，那是用小块的草纸做成的，上面用红药水画上鲜红的五角星，或者镰刀锤子，写上几句互相鼓励的话。楼七室经过昼夜赶工，刻出了一百多颗红的、黄的、晶亮的五角星，分送给各个牢房的同志。女室送给各室的，是一幅幅绣了字的锦旗，那些彩色的线，是从她们的袜子上拆下来的……

从小说中许多场景都能读出红岩英雄人物的儿女柔情，他们是战士，他们对待敌人是坚决的，是勇敢的，是无所畏惧的，但对待亲人和战友是温暖的，是充满关怀的。

"青春之问"3：
在当代生活中，我们应该如何传承和弘扬"红岩精神"呢？

师生探究示例：

当今时代是为民族复兴梦想不懈奋斗的时代，我们都是新时代的追梦人，弘扬"红岩精神"，就是要回应烈士们的嘱托，以理想为指引，以信念为动力，为中国梦的实现锻铸凝心聚力的兴国之魂和强国之魄。传承红色基因，传承"红岩精神"，我们永远不能忘记那些为国捐躯的英雄。没有他们，也就没有新中国。他们用自己的忠诚奉献铸就了党的事业、人民的事业，用鲜血与生命换来了今天的幸福生活，更为我们留下了宝贵的精神财富。理想是一面旗帜，是人们对未来的向往和追求，是人生的精神支柱，它促使人们不怕千难万险、锲而不舍、百折不回、始终不渝地追求。"红岩精神"，崇高的思想境界、坚定的理想信念、巨大的人格力量、浩然的革命正气，是我们取之不尽、用之不竭的力量源泉。"红岩精神"是战火纷飞中用生命谱写出来的精神史诗，是红色岩石上用鲜血浇灌出来的精神圣果，是老一辈无产阶级革命家和仁人志士留给全体中华儿女的一份弥足珍贵的精神财富。新时代弘扬民族精神，就是要在崇高思想境界中，厚植爱国情怀；在坚定的理想中，不忘初心、牢记使命，在巨大的人格力量中明大德、守公德、严私德，在浩然的革命正气中，涵养砥砺奋进的精神动力。

"青春之问"4：//////////////////////////////////

如果有一个机会，可以让你与红岩英雄面对面，你想对他们说些什么呢？

师生探究示例：

江姐，我想对您说

江姐，看完《红岩》，我久久不能平静，在读到敌人对您实施残暴的酷刑时，我的眼泪止不住地往下流淌，打湿了书页，您是那样从容、勇敢、镇定、坚强。在您身上，我看到了您甘于奉献、敢于牺牲的崇高思想境界：敌人的酷刑，您勇敢地面对，鲜血淋漓之间，我仿佛看见了您那紧闭的嘴唇和昂然的目光。我看到了您坚定的信念：在牢狱中，您和战友们一起绣红旗，一针一线，都是对光明的期待和追求。我看到了您巨大的人格力量：您的勇敢和忠诚给了战友们巨大的精神激励，当战友们读着您的遗书，他们的内心更加坚定了。我看到了您浩然的革命正气：无论面对的敌人多么凶残，无论他们如何施以暴行，您都岿然不动，屹立着，像一颗永不褪色的红星，给我们无穷的力量！

成岗，我想对您说

面对穷凶极恶的敌人，您没有丝毫的畏惧，在紧要关头，您首先想到的是保护党，保护组织。面对敌人的威逼利诱，您立场坚定，从容不迫，用坚定的革命信念和激昂的革命话语震慑敌人的心魄。被敌人抓捕时，您是那样无私无畏，但面对母亲，您是那样充满柔情与不舍。您崇高的思想境界、坚定的理想信念、巨大的人格力量、浩然的革命正气深深地激励着我！

许云峰，我想对您说

面对敌人假意递来的酒杯，您早已识破他们可笑的伎俩。渣滓洞里坚毅的身影，是您，用对党的绝对忠诚谱写了一曲革命者的战歌。您敏锐，看到书店里的可疑人员时便意识到危机已起；您智慧，敌人试图制造的假象被您直接戳穿；您勇敢，面对残酷的暴行，您丝毫不改容色；您坚定，给战友和同志们巨大的精神支持！

七、开展《红岩》读书分享会

《红岩》的情节曲折复杂，人物形象特色鲜明，独特的网状结构将全书内容巧妙地串联起来，是红色经典中艺术性较强的作品。

为此我们开展一次《红岩》读法分享会，以下是分享会上每位代表的发言稿，请你阅读并思考，也探索自己的阅读方法。

方法一：线索梳理法

线索指文艺作品中情节发展的脉络。梳理名著的线索，有助于厘清作品的结构，推断情节的发展方向，从整体上把握作者的写作思路。使用线索梳理法深入阅读《红岩》不仅能帮助读者理解小说的深层含义，还能提升阅读的深度和广度。以下是对《红岩》阅读方法的拓展。

在开始阅读《红岩》之前，首先需要做一些准备工作，主要是知人论世，整体感知。通过了解小说的历史背景，包括中国共产党的地下斗争、抗日战争和解放战争等内容，同时了解作者罗广斌、杨益言的生平和创作经历，了解其创作动机和思想倾向，这些能帮助我们进入小说的故事背景，更好地梳理情节，品析人物形象。

（一）人物线索梳理

《红岩》中的人物众多，每个人物都有其独特的性格和命运：江姐，坚毅不屈，以身许国；许云峰，智勇双全，领导有方；小萝卜头，天真无邪，饱受磨难；华子良，内心坚毅，深藏不露；双枪老太婆，枪法如神，英勇无畏；徐鹏飞，阴险狡诈，野心勃勃。这些人物，以其独特的性格和命运，共同织就了一幅革命斗争的壮丽画卷。在阅读时，可以通过以下步骤来梳理人物线索：

①人物档案建立

想建立一份优秀的人物档案，首先需要收集每个人物的基本信息，如姓名、年龄、职业、家庭背景等。同时需要在圈点勾画的前提之下，归纳人物的性格特点，如勇敢、机智、善良或狡猾等。

②人物发展轨迹追踪

在阅读小说人物描写内容的过程中，要注意标注人物在小说中的首次出现和重要事件。同时关注作品中描述人物成长、变化或转变的内容，从而完成人物发展轨迹追踪。

③人物影响分析

完成与人物本身相关的内容阅读和圈点批注后，进入深层分析，思考人物对故事发展的贡献和影响，同时探究人物是如何体现小说主题和深层含义的。

下面我们以《红岩》中的江姐为例，进行人物线索梳理：

人物档案	姓名：江姐 角色定位：中国共产党地下党员。 性格特点：坚强、勇敢、无私、忠诚。
人物发展轨迹	首次出现：在小说的早期，江姐以地下党员的身份参与革命活动。 重要事件如下： 被捕：在执行任务时不幸被捕。 审讯：在狱中经受严刑拷打，但始终坚守信念，不泄露组织秘密。 牺牲：最终在狱中英勇就义，展现了革命者的伟大精神。
人物影响分析	江姐的形象深刻地体现了小说的主题——牺牲与信念。她的坚强和勇敢激励着其他人物和读者，展现了革命者面对困难和牺牲时的不屈不挠。 她的牺牲不仅是个人悲剧，也是对敌人暴行的强烈控诉，激发了更多人投身革命，为理想而斗争。

通过这样的人物线索梳理，读者可以更加深入地理解江姐这一角色的复杂性和她在《红岩》中的重要性。这种方法同样适用于分析小说中的其他人物，帮助读者构建一个立体、多维的人物网络，从而更全面地把握小说的内涵。

（二）事件线索梳理

事件线索梳理是理解和分析文学作品中事件发展的重要方法。《红岩》的事件线索错综复杂，涉及多个时间点和地点。梳理事件线索的方法包括：

1. 时间线：创建一个详细的时间线，记录小说中所有重要事件的发生时间。

2. 事件串联：将事件按照逻辑顺序串联起来，理解它们之间的因果关系。

3. 关键事件分析：特别关注那些对故事走向有重大影响的事件，分析它们的意义和结果。

以《红岩》中许云峰的事件线索为例，我们可以从时间线、事件串联和关键事件分析三个方面进行深入梳理。

第一步：时间线

（1）时间线建立

确定小说的时间背景，标记许云峰在小说中的重要时间节点，如加入地下党、被捕、狱中斗争等。

（2）时间节点记录

详细记录许云峰参与的每个重要事件的具体日期或时间段。例如，1938 年，许云峰加入地下党并开始秘密活动。

（3）时间线意义

分析时间线对理解许云峰角色发展和故事情节的重要性。例如，许云峰的被捕标志着故事进入高潮阶段。

第二步：事件串联

（1）事件顺序

按照时间顺序排列许云峰参与的所有事件，确保事件的逻辑性和连贯性。

（2）事件联系

探讨事件之间的因果关系，分析一个事件如何导致另一个事件的发生。例如，许云峰的被捕是由于他参与的一次秘密行动失败。

（3）事件影响

分析每个事件对许云峰个人命运和整个地下党斗争的影响。例如，狱中斗争展示了许云峰的领导能力和不屈精神。

第三步：关键事件分析

（1）关键事件识别

识别对许云峰角色塑造和故事情节发展具有决定性影响的事件。例如，许云峰的被捕和狱中斗争是小说中的关键事件。

（2）事件细节挖掘

深入分析关键事件的细节，包括事件发生的环境、人物的心理状态和行为动机。例如，许云峰在狱中如何面对严刑拷打，坚定信念不动摇。

（3）事件主题体现

探讨关键事件如何体现小说的主题，如牺牲、信念、团结等。

许云峰的牺牲展现了革命者对理想的执着追求和对信仰的坚定。

　　由此，我们可以绘制如下表格，对许云峰在小说中的事件进行梳理。

许云峰的故事		
加入地下党	时间：1938 年 事件：许云峰加入中国共产党地下组织，开始秘密活动。 影响：标志着许云峰正式成为革命者，为后续事件奠定基础。	
被捕	时间：1949 年初 事件：在执行秘密任务时被捕，许云峰被关押在白公馆。 影响：事件导致许云峰与外界隔绝。	
狱中斗争	时间：1949 年中 事件：在狱中，许云峰组织狱友进行斗争，如策划越狱等。 影响：展现了许云峰的领导力和革命者的智慧与勇气。	
牺牲	时间：1949 年底 事件：许云峰在狱中被敌人杀害，英勇就义。 影响：他的牺牲成为小说的高潮，激励了更多的革命者继续斗争。	

　　通过这样的事件线索梳理，读者可以清晰地看到许云峰在《红岩》中的人生轨迹，理解他行为背后的深层含义，以及他是如何成为革命精神的象征的。这种梳理方法有助于读者深入理解小说的情节发展和主题表达。

方法二：典型环境助读法

　　该方法需要同学们关注在小说阅读过程中，借助典型环境和特征辨识人物，把英雄人物和反面人物置于相应的典型环境中，发现两种不同类型人物所处环境和性格特点之间的必然联系，可以更鲜明地感受人物群像的共性特征。我们主要从以下几个方面进行分类阅读：

（一）要素分析

1.环境与人物形象的关联

分析小说是如何在具体环境中塑造人物形象的。例如，监狱、审讯室等环境对人物性格的考验和展现。

2.环境与情节发展的互动

探讨环境是如何推动情节发展的，以及人物是如何在特定环境下做出反应并影响故事走向的。

3.性格特征与人物命运的联系

观察人物的显著特征如何预示其命运，以及这些特征如何在不同环境中得到体现。

4.环境与主题的呼应

分析环境设置如何与小说主题相呼应，加深对主题的理解。

5.环境描写的细节分析

深入分析作者描写环境的细节，理解这些细节是如何服务于人物塑造和情节推进的。

（二）方法运用

下面我们以《红岩》中的监狱环境和人物许云峰为例，尝试利用典型环境助读法进行文本阅读。

1.监狱环境与许云峰形象的塑造

监狱作为一个封闭、压抑的环境，成为考验许云峰意志和信念的场所。在这种环境下，许云峰的坚强、智慧和领导力得到了充分展现。

2. 监狱环境与情节的互动

监狱不仅是许云峰个人斗争的场景，也是整个地下党斗争的缩影。在这里，许云峰与其他狱友共同策划越狱、传递信息等行动，推动了故事情节的发展。

3. 许云峰性格特征与命运的联系

许云峰的冷静、果断和对革命事业的忠诚，预示着他即使在最艰难的环境中也不会放弃斗争。这些特征最终导致了他在狱中的牺牲，成为革命精神的象征。

4. 监狱环境与主题的呼应

监狱环境的残酷与许云峰等人的不屈不挠形成了鲜明对比，体现了小说的主题——即使在最黑暗的时刻，革命者的信仰和希望也永不熄灭。

5. 环境描写的细节分析

作者对监狱环境的细致描写，如阴暗的牢房、冰冷的铁窗等，不仅营造了压抑的氛围，也突出了人物在极端环境下的心理状态和行为反应。

深入分析之后我们发现，监狱是小说中许云峰出现的典型环境。监狱中的集体生活和共同斗争，展现了许云峰的领导才能和同志间的深厚情谊。这种环境下的人物互动，推动了故事情节的发展，也加深了人物形象的立体感。在监狱审讯室这一特定环境下，许云峰面对敌人的严刑拷打，展现了他的坚定和勇敢。这种环境下的描写，加深了读者对许云峰不屈精神的认识。在监狱这一环境中，许云峰最终选择了牺牲自己，以保护同志和革命事业。这一行为在监狱这一特殊环境下显得尤为悲壮，这样就强化了小说的主题，使小说具有强烈的情感冲击力。

示例：

在《红岩》这部小说中，甫志高是一个复杂而深刻的角色，他的人物形象和典型环境紧密相连，共同构成了他命运的轨迹。他出现的典型环境主要有以下几处：

地下党的活动场所：甫志高最初作为地下党员，他的活动场所是秘密的，这些场所通常隐秘而紧张，反映了地下斗争的严峻性和危险性。

国民党的审讯室：甫志高被捕后，审讯室成为他命运的转折点。这是一个充满压抑和恐惧的环境，敌人在这里使用各种手段试图摧毁他的意志。

监狱：监狱是甫志高背叛后的主要活动场所。在这里，他的身份和角色发生了根本的变化，从一个革命者变成了一个叛徒。

国民党的办公室：在背叛后，甫志高有时会出现在国民党的办公室，这里象征着权力和背叛，反映了他与敌人的合作。

从人物形象上看，在小说的早期，甫志高被描绘为一个充满理想和热情的革命者，他的形象是勇敢和坚定的。被捕后，甫志高的形象开始转变，他从一个坚定的革命者变成了一个面临严峻考验的人。在审讯和监狱生活中，甫志高的形象发生了根本的变化，他最终屈服于敌人的压力，成了一个背叛自己信仰和同志的叛徒。即使在背叛之后，甫志高的内心仍然充满了挣扎和矛盾。他的形象不再是单一的，而是复杂多面的。

方法三：对比阅读法

在阅读过程中引导学生进行对比阅读，让学生感受不同艺术作品塑造人物形象的不同方式，感悟不同时代赋予英雄人物的不同历史使命，获得振奋精神的力量。

阅读《红岩》时，比较的对象可以是书中的人物，也可以是表现手法。还可以是跨界对比阅读，如比较《红岩》和《钢铁是怎样炼成的》中人物的相同点和不同点，促使学生进一步细读文本，体会原著的复杂与深邃。

比较角度 \ 人物		成 岗	保 尔
相同点	性格	沉着忠诚，英勇无畏	意志顽强，坚韧不拔
	经历	和敌人做斗争，受尽折磨	和敌人做斗争，战胜困难
	信仰	坚定的共产主义	坚定的共产主义
不同点	斗争环境	监狱中	正面战场
	斗争方式	印刷《挺进报》	打仗，在后方做工作
	结局	牺牲在了胜利前夜	失明、残疾，以写作的方式，实践着他生命的誓言

思考探究 //

1. 有不同的人生，就有不同的"命运"，自然也就有不同的对"命运"的定义。"命运"在梁生宝（《创业史》）心中就是："命运在我自己手里攥着！我带着蛤蟆滩的穷乡亲建合作社，种水稻，搞副业，现在已经过上了好日子。"那么，"命运"在祥子（《骆驼祥子》）、江姐（《红岩》）心目中又是什么样子的呢？

请根据你的阅读积累、相关人物的主要经历和性格特点，任选其一作答。

_____

_____

_____

2.《红岩》出版后曾被改编成歌剧《红岩》，其主题曲《红梅赞》更是风靡一时。请结合《红梅赞》歌词联系小说分析其中一位英雄人物的形象。

红岩上红梅开，千里冰霜脚下踩，三九严寒何所惧，一片丹心向阳开，向阳开。红梅花儿开，朵朵放光彩，昂首怒放花万朵，香飘云天外，唤醒百花齐开放，高歌欢庆新春来！

_____

_____

_____

_____

3.重庆中学为了更好地读《红岩》，弘扬"红岩精神"，在读书会活动中举行了一场别开生面的写红岩英雄颁奖词活动。请结合示例，为你所敬佩的红岩英雄写一条颁奖词。要求：用语生动、精练，并能结合人物经历、精神，每条不超过100字。

示例：

人物故事：在重庆的朝阳码头，她看到甫志高穿着西装给她搁行李，当即识破了甫志高好表现的心理。赴华蓥山的途中，她看到了挂在城头上的丈夫的头颅，悲痛欲绝，但她以坚强的意志和非凡的毅力克制住了自己的感情。并化悲痛为力量勇敢地担负起丈夫未竟的事业。在被叛徒甫志高出卖后，面对敌人惨无人道的酷刑，她忍受百般折磨，对党的秘密守口如瓶。行将就义，她神态平静，举止从容，整理衣衫，吻别监狱之花，始终带着胜利的笑容。

颁奖词：严刑拷打，击不垮她钢铁般的意志；威逼利诱，改不了她磐石似的信念。她是千磨万击还坚劲的翠竹，她是只留清气满乾坤的红梅。伟大的江姐，用热血为革命输血，用精神为革命提神！她短暂的生命，却活出了永恒。

_____

_____

_____

_____

_____

4. 请以《红岩》的内容、人物或主题为素材进行对联创作。

示例一：丹心朗朗英雄血　铁骨铮铮烈士魂

示例二：郑克昌伪装好人原形毕露　华子良假扮疯子越狱成功

示例三：品红岩忆先辈千百英烈坚贞不屈追民族发展之梦想
继遗志看后生亿万学子奋发图强创中华复兴之未来

128

_____

_____

_____

_____

_____

5.请你写一段文字，向你的朋友推介《红岩》这本书。要求：
①理由充分；②语言流畅；③150字左右。

示例：

《红岩》是当代文学中一部优秀的革命英雄传奇，它真实记录了在中国革命即将取得胜利的历史关头，光明与黑暗的殊死斗争。书中众多英雄人物身上所表现出来的大无畏的牺牲精神和坚如磐石的理想与信念，以及他们在这最后的历史瞬间由光明和黑暗的殊死搏斗所激发出来的精神光焰，曾经震撼了许许多多的青年读者。在高举爱国主义旗帜进行革命传统教育的今天，《红岩》无疑是一部极好的教科书。

_____

_____

_____

_____

_____

1.小语想在"天下国家·革命文化"主题读书交流会上，分享对"意象与情感表达"探究的成果。请帮他完善表格里的内容。

作品名称	内容呈现	意象	表达的情感
《我爱这土地》	为什么我的眼里常含泪水? 因为我对这土地爱得深沉……	①_____ _____ _____	该意象里，凝聚着诗人对祖国——大地母亲最深沉的爱。
《②_____》 （书名）	雪落在中国的土地上 寒冷在封锁着中国呀……	雪	"雪"这一意象暗示着国家和民族正在承受的苦难，字里行间充满诗人对人民的悲悯，对祖国命运的担忧。
《红岩》	齐晓轩仍然双手叉腰，张开双腿挺立在献血染红的红岩上，一动也不动	红色岩石	如果以前面的内容为基础，在该书封面上设置一块红色岩石。请推测设计者借"红色岩石"这一意象传递的情感③_____ _____ _____ _____

2. 柳青在《创业史》中写道："人生的道路虽然漫长，但紧要处常常只有几步。"请在下列人物形象中选择一个，结合相关名著内容，说说"他"人生紧要处的一步及产生的影响。

A. 彭德怀（《红星照耀中国》）

B. 保尔（《钢铁是怎样炼成的》）

C. 刘思扬（《红岩》）

_____

_____

_____

3. 班级开展"赏读经典·润泽心灵"主题活动。请参与并完成题目。

抗战胜利纪功碑，隐没在灰蒙蒙的雾海里、长江、嘉陵江汇合处的山城，被浓云迷雾笼罩着。这个阴沉沉的早晨，把人们带进了动荡年代里的又一个年头。 ——《红岩》	我们所要介绍的是祥子，不是骆驼，因为"骆驼"只是个外号；那么，我们就先说祥子，随手儿把骆驼与祥子那点儿关系说过去，也就算了。 ——《骆驼祥子》	人们一定还记得1866年海上发生的一件离奇的、神秘的、无法解释的怪事。当时的各种传闻不仅在沿海居民和世界舆论中引起轰动、更让一般的航海人员激动不已。 ——《海底两万里》

（1）上面是同学们整理的三部名著的开头，你喜欢其中哪一个呢？请写出理由。

_____

_____

_____

（2）请从以上名著中任选一部，结合具体内容，写一段推荐语，分享给即将升入初中的同学。

_____

_____

_____

_____

4.请从文学作品《红岩》中，选取一个正面人物形象，参照示例，用转折关系复句表现这一人物的形象特点。

示例：江姐虽然遭受"竹签钉手指"等酷刑折磨，但她坚强不屈，始终未吐露任何情报。

_____

_____

_____

_____

5.班级组织读书分享会，你和同桌明轩积极参加。下面是明轩分享的内容梗概，请你仿照他的形式，从初中语文教材推荐阅读的名著中选择一部，进行分享。

【明轩的分享】

我读《红岩》，初读吸引自己的是：箱子里明明带着的是山里游击队急需的药品，江姐却主动打开箱子，用欲擒故纵的办法躲过警察搜查这类的情节；再读让自己沉迷的是：江姐在狱中机智顽强、英勇无畏地与敌人做斗争的故事；特别想探究的是：是什么样的信念，使江姐和她的战友们义无反顾，勇于牺牲？

【你的分享】

我读《＿＿＿＿》，初读吸引自己的是：①＿＿＿＿＿＿＿＿；

再读让自己沉迷的是：②＿＿＿＿＿＿＿＿＿＿＿＿；

特别想探究的是：③＿＿＿＿＿＿＿＿＿＿＿＿＿。

6.“感受红色文化赓续红色血脉”读书交流活动中，你选择了《红岩》进行专题探究。请你参照示例，设计一个合适的探究专题并写出具体的探究思路。

《红星照耀中国》专题探究

探究专题：“爱国情怀”探究。

探究思路：（1）选定《红星照耀中国》中毛泽东、周恩来、朱德、彭德怀等革命领袖；（2）精读人物走上革命道路及其人生经历的内容，体会他们坚定的爱国精神；（3）交流，组织一次阅读交流研讨会，大家各抒己见，探究“爱国情怀”的表现。

《红岩》专题探究

探究专题：

探究思路：（1）＿＿＿＿＿＿＿＿＿＿＿＿＿＿＿＿＿＿＿

（2）＿＿＿＿＿＿＿＿＿＿＿＿＿＿＿＿＿＿＿＿＿＿＿＿

（3）＿＿＿＿＿＿＿＿＿＿＿＿＿＿＿＿＿＿＿＿＿＿＿＿

7.意大利共产党创始人之一，20世纪著名马克思主义理论家安东尼奥·葛兰西的《狱中札记》中有这么一段话：

“无产阶级的解放是一个艰苦的事业，只有坚贞不屈的人才能胜任，只有那些在人们普遍感到失望的时候能够保持不屈不挠的精神的人，只有那些意志锻炼得坚如刀剑的人，才配称为工人阶级的战士，才配称为革命者。"

请你结合这段话和自身的理解，从《红岩》中的英雄人物，谈谈他（她）被"称为革命者"的原因。

_____

_____

_____

_____

_____

8.八年级要做"苦难与英雄"展板，想要体现下面的内容。目前还有一部分没完善，请你结合《红岩》《红星照耀中国》的阅读完成各题。

★ 苦难与英雄 ★

人物	经历
彭德怀	被奶奶看作奴隶，小时候还因踢翻烟盘被判溺死，后被舅舅解救被迫离家。
小萝卜头	① _____

朱德：在井冈山与毛泽东的军队会师，合组成新"第四军"。（A）

周恩来：传说他用一把菜刀在湖南建立了一个苏区。（B）

成岗：参加《挺进报》的编辑、印刷和发行工作，后被捕。（C）

江姐：遭受竹签钉手指等酷刑，仍坚强不屈，未吐露任情报。（D）

（1）请在上表①处空格处填写恰当的内容。

（2）上面板块中表述有错误的一项是 （　　　）

9. 学校开展《红岩》和《钢铁是怎样炼成的》的阅读活动，请填写阅读记录卡的空白处。

名著	英雄形象的内涵	斗争方式和手段	英雄命运和结局
《红岩》	体现了集体主义精神和革命理想，他们为了整个革命事业而牺牲个人利益。	A. _____	面临着生死存亡的考验，他们的命运与整个革命事业紧密联系在一起，许多英雄在斗争中献出了生命。
《钢铁是怎样炼成的》	B. _____	通过做后方工作、直接参与战争等方式。	C. _____

10. 如果《红岩》革命者要留给我们遗物，你最期待他们留下什么遗物？请说明理由。

_____

_____

_____

_____

11. 许多名著中的"小人物"展现"大情怀"，"大"往往根植在"小"中。请参照示例，从下面的选项中任选一个人物，结合名著内容加以分析。

示例：

范爱农留学归来后无事可做，在家乡教几个小学生以挣钱糊口。

135

听说绍兴光复了，便高兴地邀"我"去看光复的绍兴，说话时的笑容是从前没见过的。光复后，做了监学的范爱农，不大喝酒，也很少工夫谈闲天，办事兼教书，实在勤快得可以。这样的小人物内心饱含热烈的爱国之情，充分体现了一个普通知识分子改造社会的责任心，为苍生谋福利的大情怀。

A. 江姐（《红岩》）

B. 保尔（《钢铁是怎样炼成的》）

_____

_____

_____

12. 根据沙坪坝区精品旅游线路，补写相关内容。

旅游线路	线路节点	线路特色
经典红岩之旅	红岩魂广场→"11·27"烈士墓园→白公馆→渣滓洞	探访"红岩精神"发源地，感悟荡气回肠的红色文化。
① _____ _____	重庆市图书馆→沙坪坝区图书馆→新华书城→西西弗书店	走进一处浸染墨香的书屋，读懂文艺的沙坪坝。
轨道交通之旅	小龙坎站（平顶山公园）→沙坪坝站（金沙天街）→磁器口站（千年古镇）	搭乘串起多景点的轨道1号线，领略沙坪坝的独特魅力。
舌尖滋味之旅	土湾老火锅→歌乐山辣子鸡→重庆小面→磁器口麻花	② _____ _____

13. 以下是关于名著《红岩》《红星照耀中国》中两个人物的描述，语段中的"他"分别是 （　　）

（1）他在被捕之前在窗口外面的钉子上挂上了一把扫帚，警示来找他的同志，不要再进厂里来。在敌人严刑拷打他之后，他写下了《我的"自白书"》让敌人目瞪口呆。

（2）他曾就读于南开大学，作为学生运动领袖，遭到逮捕，在天津关了一年监牢，获释后去了法国，在巴黎帮助组织了中国共产党。在第一次国共合作中，他被任命为黄埔军校政治部主任。

A.许云峰　周恩来　　　　　　B.成岗　朱德

C.成岗　周恩来　　　　　　　D.许云峰　朱德

14. 下列关于名著《红岩》的说法，不正确的一项是 （　　）

A.本书的作者罗广斌、杨益言，曾于1948年先后被国民党反动派逮捕，并囚禁在重庆"中美特种技术合作所"集中营里，是重庆解放前国民党大屠杀的幸存者。

B.许云峰是本书的主要人物之一。他是一个坚定、勇敢、老练、机智的地下党领导者，具有让读者钦羡的才干、品质和气魄。

C.江姐是本书中特别坚强的女性形象。在丈夫被敌人杀害的情况下，以非凡的意志和毅力克制自己的感情；面对敌人惨无人道的酷刑，对党的秘密守口如瓶，最终视死如归，从容就义。

D.小萝卜头是一个特别可爱的儿童形象，他在监狱中长大，却非常聪慧自律，在狱中革命者的倾力庇护下，成功躲过了敌人的杀害。

15.回味经典故事中的传统节日：在其他名著中也多次提到了传

统节日，请回味经典著作完成下列表格。

经典作品名称	民俗再现	回味领悟
《朝花夕拾》	阿长要小鲁迅在春节一早起来吃福橘并说恭喜的话。	（1）_____
（2）_____	金平府元夜观灯，玄英洞妖精作怪。	"元宵节"火树银花，异国风情最出彩。
《红岩》	（3）_____	表明了革命者乐观主义精神，揭露反动派对革命者的迫害。

16.随着系列主题活动的深入开展，你班举行了"阅读经典著作·赞颂爱国人物"的演讲比赛，获奖者的演讲稿将作为黑板报"爱国人物我推荐"栏目的素材。以下是小文的演讲稿提纲，请你结合名著相关内容，帮她完成提纲。

爱国力量，常驻我心		
开头	林则徐说："苟利国家生死以，岂因祸福避趋之。"无数英雄人物用他们伟大的精神、豪迈的气魄、爱国的赤诚演绎了精彩的人生，构筑了辉煌的历史。	
	分论点	名著论证材料	生活论证材料
正文	爱国，让人甘于在事业中奉献自我。	（1）_____ ——（《红岩》）	柳州融水苗家女杨宁毕业后，放弃在大城市的工作机会，毅然回到家乡，在脱贫攻坚第一线倾情投入、奉献自我，将最美的年华献给了土地与家乡。

（续表）

爱国力量，常驻我心		
正文	爱国，让人甘愿在热爱中攻坚克难。	（2）＿＿＿＿＿＿＿＿＿＿＿＿＿——（《红星照耀中国》）	我国防空领域的中流砥柱沈忠芳，不计较个人得失，一辈子都在磨砺国家的剑与盾，克服遇到的重重困难，为祖国的国防事业发展做出了重要贡献。
	（3）＿＿＿＿＿＿＿＿＿＿＿＿＿＿＿＿＿	鲁迅在日本留学期间，经历"讲义事件"和"幻灯片事件"之后，决定弃医从文，用笔杆子作为武器，唤醒沉睡麻木的国人，他不畏艰险，用锋利的文笔与落后黑暗的旧社会做抗争。——（《朝花夕拾》）	防空武器系统总负责人吴北生，为国奋斗五十年，皓首仍葆赤子心。五十年前，吴北生在大漠鏖战，试验战果；五十年后，他仍活跃在技术一线，分析数据。他不求名利，迎难而上，为祖国的航天事业奋斗一生。
结尾	在历史长河中，英雄事迹层出不穷，爱国人物群星灿烂。他们用赤诚和热爱谱写了一曲曲爱国主义的壮歌。		

参考答案

第一部分

1. ①成　岗　②双枪老太婆　③白公馆

2. 示例：山城重庆的这个阴沉沉的早晨，到处灰蒙蒙的，被浓云迷雾笼罩。这让我联想到战争年代，那些在渣滓洞、白公馆里的革命先烈们，他们经受着炼狱般的考验。虽然困难重重，但他们坚信，重庆终会拨开云雾见太阳！

3. 略

4. 示例：人物：江姐。情节和品质：江姐面对敌人的严刑拷打，始终不泄露党的秘密，这正体现了江姐坚贞不屈、坚守初心、对党忠诚的品质。

5. 示例：这句诗让我想到了刘思扬。他被捕入狱后，面对要么登报悔过、要么在狱中受尽折磨的选择，他毫不犹豫地选择了后者，最终成长为一名坚定的无产阶级革命战士。

6. 齐晓轩、包拯——黑色的脸谱　江姐、关羽——红色的脸谱　甫志高、曹操——白色的脸谱

第二部分

1. 我最想呈现的是小萝卜头在监狱中学习文化知识的片段。因为这个片段中，聪明可爱的小萝卜头在恶劣的环境中刻苦求学，特别能触动我们，让我们懂得幸福生活和学习机会的来之不易，激发我们奋发图强，努力学习。同时，小萝卜头学习的过程一波三折，具有戏剧效果，适合以课本剧的方式呈现。

2. 示例一：他们都具有反抗精神。小萝卜头面对敌人的残酷迫害，利用自己的年龄优势和聪明伶俐与敌人周旋；保尔在被神父虐待后，往神父的面团里撒烟末，用自己的方式反抗神父的权威；外祖父毒打外祖母，阿廖沙将外祖父的圣徒像剪碎；继父打阿廖沙的母亲，阿廖沙拿针扎继父等。

示例二：他们都爱学习，有强烈的求知欲。小萝卜头在黄以声将军的帮助下，在监狱中刻苦学习，学得又快又好；阿廖沙不仅喜欢听外祖母讲故事，还偷偷买书来看，跟"好事情"学了很多科学知识。

3. 示例一：江雪琴：①江雪琴目睹了丈夫牺牲后的惨状，却强忍悲痛，接替了丈夫的工作，舍小家为大家；②在渣滓洞监狱内，江雪琴遭受了敌人的酷刑折磨，却没有向敌人服软，没有透露党的任何秘密；③在将要牺牲的时候，江雪琴没有丝毫恐惧，反而安慰其他同志。这些事例都能体现出江雪的"坚强不屈"。

示例二：华子良：①华子良和上级一起被捕后，上级被枪毙，而他则忍辱负重，装疯卖傻地活了下来，肩负起与地下党建立联系、越狱突围的任务；②华子良靠着装疯，赢得了敌人的信任，常被特务带去磁器口买菜，他趁机熟悉外界环境，当得知敌人企图屠杀关在白公馆的革命志士的罪恶计划后，他伺机逃到解放区，为越狱计划做出巨大贡献。这些事例都能体现出华子良的"忍辱负重"。

4. 示例一：小萝卜头是个可怜的孩子。他八个月大的时候，就随父母被带进了监狱。监狱里除了刺鼻的臭味，还时常传来恐怖的声音以及特务毫无人性的狂吠。被关押在这里的人们，每天只能分到一碗用霉米糠和烂白菜帮子煮成的臭水汤。由于长期的营养不良，八九岁的小萝卜头只有四五岁的孩子那么高，成了一个大头细身子、面黄肌瘦的孩子。小萝卜头在敌人的监狱里长大，一直不知道外面的世界是什么样的。在狱友们的绝食抗议下，小萝卜头终于得到了读书的机会。然而在革命胜利前夕，小萝卜头却被敌人残忍杀害，当时他还不满九岁。因此，小萝卜头是个可怜的孩子。

示例二：小萝卜头不是一个可怜的孩子。在监狱里，小萝卜头虽小，但并不惧怕敌人，他不但努力为受伤的同志做些力所能及的事，而且还担负着为狱友们送信的光荣任务。重庆解放后，小萝卜头宋振中被追认为革命烈士，他是中国年龄最小的烈士，他的英名将永远被后人铭记。因此，小萝卜头是伟大的，他不可怜。

第三部分

1.略 2.略 3.略

4.示例：英雄人物：华子良 所在监狱：白公馆 肖像：满脸花白的胡须、颤抖的手、滞涩的眼睛、满口牙都被拔光 典型情节：他在监狱中伪装疯多年，成功骗过敌人，为党组织提供了许多重要情报。 性格特点：忍辱负重、意志坚定、机智勇敢 人物评价：华子良是一位坚守初心、意志坚定、机智勇敢的共产党员，不惧严刑拷打，他始终保持着清醒和信念，忍辱负重，抒写了一曲忠于革命事业的壮歌。

第四部分

1.（1）B （2）答案示例一：面对敌人的威逼利诱，成岗心中有坚定的理想信念，宁愿牺牲自己也要为劳苦大众的自由解放而献身。所以他面对死亡，发出了慷慨激昂的呐喊。答案示例二：我们可以从"哪怕胸口对着带血的刺刀！""死亡也无法叫我开口！""高唱凯歌埋葬蒋家王朝！"这几个句子及句尾的叹号看出，成岗有不可动摇的信念及慷慨赴死的决心。

2.（1）江姐/江雪琴 （2）小萝卜头/宋振中 （3）甫志高

3.示例：着眼于人物：《"红岩"为何这样红》（齐晓轩）

第五部分

1.示例一：祥子：在那个黑暗的社会，命运并不是由我自己掌控的。我做过人力车夫、卖过骆驼，拼命想要攒钱买车，靠自己的力气来谋生。可是我的理想一次一次被毁掉，最后只能任由自己堕落下去。

示例二：江姐：我觉得命运掌握在我们自己手里。我早年入党，曾经在重庆秘密机关做过地下党，领导过重庆学生抗暴运动，为《挺进报》做过大量工作，担任过下川东地区地工委和川东临委的联络员。由于叛徒出卖，我被逮捕，尽管他们用各种酷刑折磨我，但我决不屈服。因为我坚信，重庆一定会解放，我们的未来一定会越来越好！试想，若是人人都觉得反动派的压迫和统治，就是我们的命运，那么我们不就会一直生活在他们的奴役中吗？而我们人人都抗争了，终于有了中华人民共和国的诞生，这不就生动地说明了命运就是掌握在我们手中吗?

2.示例:歌词中"三九严寒何所惧"以比喻的修辞手法反映了当时国民党统治的"严寒"般严酷,也写出了革命志士如"红梅"一样坚强勇敢。江姐从不畏惧敌人的严刑拷打,为了国家和民族更不怕牺牲生命,就像一束迎着风雪傲然盛开的红梅。

3.示例:人物故事:他,是一位进行过长期地下斗争的领导人;他,有着高度的政治敏感;他,曾徒手挖穿了地牢;他,有着不同于常人的睿智和不怕牺牲的责任感。没错,他,就是许云峰。在甫志高叛变时,他拒绝提供一切口供;在被特务发现时,他掩护李敬原脱身。面对一次次的审讯,他坦然冷静。可以这样说,许云峰的意志是铁打的,是钢铸的,任何严刑拷打都无法摧毁他那颗炽热的心。

颁奖词:

头可抛,血可流,但党员的信仰不能丢!作为领导,你用生命为生命打通通道;作为战友,你用生命为生命换来希望。在生死面前,你选择死得其所;在信念面前,你选择忠于使命。你是高耸云端的山峰,影响着一代又一代人。

4.略 5.略

经典题目

1.①土地

②雪落在中国的土地上

③表达对革命者在狱中坚持斗争、坚韧不拔、不屈不挠的精神的高度赞美。

2.示例一:彭德怀在《红星照耀中国》中,1928年7月,彭德怀在面对国民党的反动统治和社会的不公时,毅然决定投身革命,他发起平江起义,同起义的农民会合,成立了湖南第一个苏维埃政府。彭德怀选择了为广大穷苦人民的解放事业而奋斗。这关键的一步使他成了中国革命的重要领导者之一,带领着红军在艰苦的环境中与敌人进行顽强的斗争,为建立新中国作出了巨大的贡献。他的这一选择不仅改变了自己的命运，也对中国的历史进程产生了深远的影响。

示例二：保尔在《钢铁是怎样炼成的》中，保尔修铁路时得了伤寒和大叶性肺炎之后，进而导致全身瘫痪、双目失明。保尔毅然决定通过文学创作重新投入到革命事业中。这一步对于他来说至关重要，尽管身体状况极度不好，但他凭借着顽强的意志和坚定的信念，克服了重重困难，写下了鼓舞无数人的著作，这一步让他的精神得以延续和传播，激励着一代又一代的人为了理想和信念而不懈奋斗。

示例三：刘思扬在《红岩》中，刘思扬出身于大地主家庭，但他却坚定地投身于革命事业，这关键的一步展现了他对正义和真理的追求，使他成了坚定的共产主义战士，尽管在狱中遭受了残酷的折磨，但他始终坚守信仰，毫不退缩。他的这一选择不仅体现了他个人的高尚品质，也为革命事业注入了强大的精神力量。

3.（1）示例一：我喜欢《红岩》的开头，作者描写了重庆新年早晨被浓云迷雾笼罩的情景，引发人们对动荡年代新一年前景的思考。

示例二：《骆驼祥子》的开头交代了"骆驼"是主人公祥子的外号，文字通俗朴素，读来亲切自然，我喜欢。

示例三：《海底两万里》的开头设置了悬念：1866年海上究竟发生了一件什么怪事？我真想读整本书，一探究竟。

（2）示例一：你知道小萝卜头吗？想了解他的飞翔梦吗？你知道江姐吗？想知道她和战友们在狱中是怎样绣五星红旗的吗？那你就要读一读罗广斌、杨益言合著的长篇小说《红岩》，故事的传奇色彩与情节的跌宕起伏会让你爱不释手。

示例二：祥子，一个生活在旧社会的普通人力车夫，他梦想拥有一辆自己的洋车，却历经"三起三落"，最终放弃了理想，原因何在？请阅读老舍的代表作《骆驼祥子》，相信你能从中找到答案，感受一个有良知的作家对底层劳动人民的关注与同情。

示例三：我推荐《海底两万里》。你可以跟随法国小说家凡尔纳非凡的想象，沿着"诺第留斯号"潜水艇的航行线路，和尼摩船长一起来一趟神奇的探险之旅。奇幻美妙的海底世界一定会让你惊叹不已。

4. 示例：许云峰虽然明知叛徒带来了特务，但为救同志，甘愿被捕入狱。

5. 示例：我读《西游记》，初读吸引自己的是：悟空管理桃园，吃尽园中大桃。又赴瑶池，喝光仙酒，吃尽太上老君葫芦内的金丹。逃回花果山，玉帝令托塔天王率天兵去捉拿悟空。悟空打退了众天神；再读让自己沉迷的是：孙悟空神通广大、造福生灵，济困扶危、恤孤念寡。在小说中，孙悟空是个锄强扶弱、好打抱不平的形象，他一路降妖除魔不仅仅是为了保护唐僧取经，也是为民除害；特别想探究的是：是什么让桀骜不驯的孙悟空能排除万难，一路护送唐僧西天取经？

6. 探究思路：（1）选定《红岩》中英雄人物，如江姐、许云峰、余新江等；

（2）默读，梳理人物相关情节，概括其事迹；

（3）精读，运用圈点批注法感受他们坚强不屈、自信勇敢的精神，与同学们分享交流。

7. 示例：许云峰：他意志坚定、威武不屈。面对敌人的残酷迫害和严刑拷打，他毫不畏惧，坚持斗争到底，始终坚守共产主义信仰，有极高的政治觉悟和坚定的革命斗志；许云峰拥有强烈的革命乐观精神，面对挫折困难不屈不挠。即使在组织遭到破坏、革命活动遭遇重重挫折时，他依然能够保持冷静的态度、坚定的信仰，鼓舞身边的人继续斗争。他的这些精神、行为正好与该段话的主旨高度一致，这就是他被"称为革命者"的原因。

8.（1）从小随母入狱，吃不饱，穿不暖，少年时被杀害。 （2）B

9. A. 用地下斗争、情报传递、组织群众等方式来推动革命事业的发展，他们的斗争手段相对隐蔽和复杂。B. 保尔是个刚毅坚强的革命战士，他在人生各个方面都经受住了严峻的考验。在敌人的严刑拷打面前，他坚贞不屈；在枪林弹雨的战场上，他勇往直前；在与吞噬生命的病魔的搏斗中，他多次令死神望而却步，创造了"起死回生"的奇迹。尤其是他在病榻上还奋力向艺术的殿堂攀登的过程，表现了一个革命战士钢铁般的意志所能达到的最高境界。C.保尔虽然最后残疾了，但是他活出了生命的崇高，成为一代代人的榜样。

10.示例：龙光华口袋里的那颗红五星。龙光华在狱中为了保护大家辛苦挖出的珍贵水源，被敌人毒打迫害，战友们尽全力照顾他，仍然无法挽救他的生命。红五星承载着龙光华坚定的信仰和对革命的执着追求，更象征着革命先烈的英勇无畏和无私奉献精神。

11.我选A，江姐在丈夫牺牲后，以坚强的革命意志和非凡的毅力克制自己的感情，并且化悲痛为力量接任其工作，后来因叛徒出卖被捕，被关押于重庆渣滓洞监狱。在狱中遭受严刑拷打。她坚贞不屈，宣传革命真理，在中华人民共和国成立后不久被杀。这样一个小人物，在面对敌人惨无人道的酷刑时不屈不挠，充分展示了她作为共产党员视死如归的大无畏的英雄气概。

12.①诗意阅读之旅（或：文艺书香之旅）

②示例：打卡众多地标美食，享受舌尖上的美味

13.C　14.D

15.（1）体现了劳动人民对幸福美好生活的向往。　（2）《西游记》（3）渣滓洞里的革命者们过春节时贴春联。

16.示例：（1）许云峰（老许）始终心怀国家，面对军统特务的威逼利诱始终不为所动，拒绝与反动派合作；在潮湿阴暗的地窖里，他用手挖通了石壁，把越狱的通道留给同志们，自己却带着革命必胜的信念从容就义。　（2）示例：毛泽东作为革命领导者，面对国民党反动派的围追堵截、长征途中的艰难困苦，始终坚定自己的爱国信念，克服千难万险，为人民谋幸福，为国家谋发展。　（3）示例：爱国，让人在困境中始终不失赤子之心。